Mai Linh Tran

Ich bin *nicht* woke

Eine Widerrede gegen Gendern, Woke, Cancel Culture und anderes Gedöns

Mai Linh Tran

Ich bin *nicht* woke

Eine Widerrede gegen Gendern, Woke, Cancel Culture und anderes Gedöns

DCV

1. Auflage 2023

Bibliografische Informationen der Deutschen Nationalbibliothek

Die Deutsche Nationalbibliothek verzeichnet diese Publikation in der Deutschen Nationalbibliografie; detaillierte bibliografische Daten sind im Internet über http://dnb.d-nb.de abrufbar.

Printed in the Federal Republic of Germany.

Gestaltung, Cover, Satz: DCV

Druck und Auslieferung: BoD

Gedruckt auf säurefreiem Papier.

Print ISBN: 978-3-98674-065-8
E-Book ISBN: 978-3-98674-066-5

„Wer die Wahrheit sagt, braucht ein schnelles Pferd.“

Konfuzius

Der*die Erlkönig*in

Wer reitet so spät durch Nacht und Wind?
*Es ist der die Vater*Mutter*Elterperson mit seinem*ihrem Kind;*
Er sie hat den das Knaben Mädchen wohl in dem Arm,
Er sie fasst ihn sie sicher, er sie hält ihn sie warm.

*Mein'e Sohn*Tochter, was birgst du so bang dein Gesicht?*
*Siehst, Vater*Mutter*Elterperson, den die Erlenkönig*in nicht?*
*Den die Erlenkönig*in mit Kron' und Schweif*
*Mein*e Sohn*Tochter, es ist ein Nebelstreif.*

„Du liebes Kind, komm, geh mit mir!
Gar schöne Spiele spiel ich mit dir;
Manch bunte Blumen sind an dem Strand,
*Meine mein Mutter*Vater*Elterperson hat manch gülden Gewand."*

*Mein Vater*Mutter*Elterperson, mein Vater*Mutter*Elterperson, und hörest du nicht, Was Erlenkönig*in mir leise verspricht?*
Sei ruhig, bleibe ruhig, mein Kind;
In dürren Blättern säuselt der Wind.

*„Willst, feiner feines Knabe*Mädchen, du mit mir gehn?*
*Meine Töchter*Söhne sollen dich warten schön;*
*Meine Töchter*Söhne führen den nächtlichen Reihn,*
Und wiegen und tanzen und singen dich ein.“

*Mein meine Vater*Mutter*Elterperson, mein meine Vater*Mutter*Elterperson, und siehst du nicht dort*
*Erlkönig*ins Töchter Söhne am düstern Ort?*
Mein meine Sohn Tochter Kind, mein meine Sohn Tochter Kind, ich seh es genau:
Es scheinen die alten Weiden so grau.

„Ich liebe dich, ~~mich reizt deine schöne Gestalt~~;
~~Und bist du nicht willig, so brauch ich Gewalt.“~~
*Mein meine Vater*Mutter*Elterperson, mein meine Vater*Mutter*Elterperson,*
~~jetzt faßt er mich an!~~
*Erlkönig*in hat mir ein Leids getan!*

*Dem der Vater*Mutter*Elterperson grausets, er sie reitet geschwind,*
Er sie hält in Armen das ächzende Kind,
Erreicht den Hof mit Mühe und Not;
In seinen Armen das Kind war tot.

1782 verfasst von Johann Wolfgang von Goethe

Gegendert nach heutigem Woke-Duktus

Inhalt

Prolog

Die hiermit vorgelegte Streitschrift stellt eine veritable Meinungsäußerung zur Woke-Diskussion dar. Sie erhebt keinen Anspruch auf Objektivität oder Vollständigkeit, sondern ist eine wohlüberlegte und auf den folgenden Seiten deutlich formulierte Meinung.

Bei allem Streit in der Sache ist keine der nachfolgend getroffenen Äußerungen diskriminierend oder herabsetzend gemeint. Die Grundüberzeugung der Menschenrechte – alle Menschen haben die gleichen Rechte und sind gleich wertvoll – teilen Autorin und Verlag vorbehaltlos, weiter noch, sie erachten dies als eine Selbstverständlichkeit. Alle im vorliegenden Werk hervorgebrachten Gedanken basieren auf diesem Grundverständnis. Dazu gehört auch das Gleichheitsprinzip, also der Grundsatz, alle Menschen gleich zu behandeln, sofern eine Ungleichbehandlung nicht durch einen sachlichen Grund gerechtfertigt ist.

Dennoch scheint absehbar, dass diese Präambel bei der Kritik des vorliegenden Werkes möglicherweise nicht in jeden Fall Berücksichtigung findet. Denn für ideologisch geprägte Kritik bieten die nachfolgend geäußerten Meinungen mannigfaltige Ansatzpunkte. Es bleibt zu hoffen, dass die kritische Auseinandersetzung mit dem vorliegenden Werk bei aller Streitfreudigkeit friedlich und zivilisiert verläuft.

Vorwort

Was heißt Woke? 2017 nahm das Oxford English Dictionary den Begriff auf.[1] In den Duden fand das Wort 2021 Eingang.[2] „Woke“ wird dort definiert als „in hohem Maß politisch wach und engagiert gegen (insbesondere rassistische, sexistische, soziale) Diskriminierung“. Und da beginnt die Sache problematisch zu werden. Das hieße nämlich im Umkehrschluss, dass jemand, der nicht woke ist, politisch schläft, und dass ihm oder ihr (insbesondere rassistische, sexistische, soziale) Diskriminierung mehr oder minder egal ist. Doch das ist vollkommen falsch!

Ist es rassistisch, die Hautfarbe eines Menschen zu benennen, also das für jeden, der nicht farbenblind ist, Offensichtliche auszusprechen? Und wenn ich es nicht sagen soll, darf ich es dann auch nicht denken? Muss ich mein eigenes Denken zensieren? Oder darf ich das, was ich denke, nur nicht aussprechen? Aber wollen wir wirklich in einer Gesellschaft leben, in der man nicht sagen darf, was man denkt. Es war doch eine der großen Errungenschaften der um das Jahr 1700 einsetzenden Aufklärung, durch rationales Denken alle den Fortschritt behindernden Strukturen zu überwinden. Um es mit dem Philosophen Immanuel Kant, einem der wichtigsten Denker der Aufklärung, zu sagen: „Aufklärung ist der Ausgang des Menschen aus seiner selbstverschuldeten Unmündigkeit.“[3] Dazu gehört unabdingbar die Meinungsfreiheit und – genauer gesagt, die Meinungsäußerungsfreiheit, also das gewährleistete subjektive Recht auf freie Rede sowie freie Äußerung und Verbreitung einer Meinung in Wort, Schrift und Bild sowie allen weiteren verfügbaren Übertragungsmitteln. Natürlich gibt es in einigen Judikativen Einschränkungen hinsichtlich Beleidigungen, Hassreden, Volksverhetzung oder ähnlich negativen Äußerungen – völlig zu Recht! Aber diese Einschränkungen dürfen nicht dazu führen, das Offensichtliche nicht aussprechen zu dürfen, wie es die Woke-Bewegung fordert.

Das Offensichtliche zu benennen ist gut und richtig

Die woken Forderungen, das Offensichtliche zu ignorieren, breiten sich auf immer mehr Lebensbereiche aus. Muss ich es mir als Frau tatsächlich gefallen lassen, in der Damensauna einer Person zu begegnen, die sich als Frau fühlen mag, aber biologisch ganz offensichtlich ein Mann ist, wie mit einem einzigen Blick festzustellen ist? Ist es richtig, dass eine derart „gefühlte Frau" über eine Frauenquote in ein Gremium einzieht – und damit für jedermann erkennbar den Grundgedanken der Frauenquote der Lächerlichkeit preisgibt, oder um es deutlicher zu formulieren, in unverschämter Weise für sich ausnutzt. Wenn es eine Definition gibt, die 72 unterschiedliche Geschlechter ausweist, brauchen wir dann auch 72 verschiedene Toiletten, etwa in öffentlichen Gebäuden oder in Restaurants? Meine Antwort lautet ganz klar: Nein!

Eine Löschkultur ist jeder Zivilisation unwürdig

Doch es geht um viel mehr als Äußerlichkeiten. Es geht um Fundamente unserer Kultur, unsere Sprache und unsere Geschichte. Natürlich wandelt sich Sprache im Laufe der Zeit, aber nur in Unrechtsregimen breitet sich eine Sprachdiktatur aus, die Anderssprechende und damit unterstellt auch Andersdenkende abstraft. Zu einem Rechtsstaat wie der Bundesrepublik Deutschland passt ein aufoktroyiertes „Neusprech" sicherlich nicht.

Die Geschichte hingegen wandelt sich nicht, sie wird nur immer wieder mit den Augen der Gegenwart neu interpretiert. Das ist auch gut so, aber es darf nicht dazu führen, dass Teile der Vergangenheit sozusagen ausgelöscht werden, weil sie zum heutigen Blickwinkel nicht mehr passen. Eine derartige Lösch- und Zensurkultur – nichts anderes ist die Cancel Culture – ist jeder zivilisierten Gesellschaft und jeder Kulturnation unwürdig.

Daher ist es das Recht und ich meine sogar die Pflicht jedes kultivierten Menschen, dem woken Wahnsinn entgegenzutreten.

Mai Linh Tran

Woke: Drei Todesfälle und eine Welle

Der Begriff Woke (englisch „erwacht“, „wach“) ist ein im afroamerikanischen Englisch in den 1930er Jahren entstandener Ausdruck, der ein „erwachtes“ Bewusstsein für mangelnde soziale Gerechtigkeit und Rassismus beschreibt.[4] Seitdem schlummerte das Wort jahrzehntelang, bis es mehr als 80 Jahre später „erwachte“.

Doch erst durch tödliche Übergriffe auf schwarze Schüler in den USA wurde der Begriff weiter verbreitet.

Weiße Polizisten erschießen schwarze Schüler

Am Abend des 26. Februar 2012 erschoss der 28-jährige Nachbarschaftswachmann und weiße Latino George Zimmerman den 17-jährigen afroamerikanischen Highschool-Schüler Trayvon Martin in Sanford im US-Bundesstaat Florida.[5] Der Wachmann begründete seinen tödlichen Schuss mit Notwehr und wurde am 13. Juli 2013 für unschuldig erklärt und freigesprochen.[6] Die Umstände des Todesfalls und der Freispruch lösten in den USA eine landesweite Rassismusdebatte aus.

Rund zwei Jahre später, am 9. August 2014 gegen 12:02 Uhr Ortszeit, wurde der 18-jährige schwarze Schüler Michael Brown nach Tätlichkeiten gegenüber dem Polizisten Darren Wilson von diesem in der Stadt Ferguson im US-Bundesstaat Missouri erschossen.[7] In der Folge kam es zu andauernden Unruhen und Demonstrationen gegen rassistische Polizeigewalt, zur Entsendung der Nationalgarde und zur Verhängung nächtlicher Ausgangssperren. Nachdem eine Grand Jury am 24. November entschieden hatte, kein Verfahren gegen Darren Wilson zu eröffnen, kam es am folgenden Tag zum Teil zu gewaltsamen Protesten in mehr als 170 Städten der USA.[8]

In diesem Kontext entwickelt sich auch der abgeleitete Ausdruck „Stay woke“ als Warnung vor Polizeiübergriffen und ganz allgemein als Aufruf, sensibler und entschlossener auf systembedingte Benachteiligung zu reagieren.[9]

Vor allem in den Reihen der Black-Lives-Matter-Bewegung entwickelte sich „woke“ zum Begriff des Kampfes gegen die Ungerechtigkeit des weißen Amerikas gegenüber der schwarzen Bevölkerung.[10]

Black Live Matters und die moralische Überlegenheit

Black Lives Matter (BLM, englisch für „Schwarze Leben zählen“) war 2013 von den drei schwarzen Frauen Alicia Garza, Opal Tometi und Patrisse Cullors ins Leben gerufen worden und setzt sich gegen staatliche Gewalt und Ungerechtigkeiten gegenüber Schwarzen bzw. Farbigen ein.[11] Dabei geht es nicht nur um ausgeübte Gewalt, sondern auch darum, eine auf der Hautfarbe basierende Beschreibung und Profilierung durch Polizeistellen zu verurteilen. Eine Fahndung mit den Worten „Der Flüchtige ist schwarz, etwa 1,80 groß…“ wäre demnach verwerflich.[12]

BLM hat sich sowohl durch Proteste auf der Straße als auch durch den Hashtag „#BlackLivesMatter“ in den sozialen Medien ausgebreitet. Eine übergeordnet-moralische Bedeutung schrieb sich die Bewegung selbst ab 2015 zu, als Black Lives Matter begann, öffentlich Politiker herauszufordern, ihre Haltung zu den von BLM aufgeworfenen Fragen darzulegen. Weiße US-Politiker wie Bernie Sanders wurden im Vorfeld der Präsidentschaftswahl in den Vereinigten Staaten von Amerika 2016 aufgefordert, sich zu den Anliegen von Black Live Matters zu bekennen, um nicht als Rassisten zu gelten.[13] Sanders zog mit seinen damaligen Reformvorstellungen insbesondere viele Junge und Linke in den USA an, verlor jedoch gegen Hillary Clinton als demokratische Präsidentschaftskandidatin, die die Wahl wiederum gegen den Republikaner Donald Trump verlor, den man wohl in jeder Hinsicht als Gegenpol zu Woke einzuordnen hat.

Die Tötung von George Floyd und die Folgen

Am 25. Mai 2020 kam es in Minneapolis im US-Bundesstaat Minnesota erneut zu weißer Polizeigewalt gegen einen Schwarzen. Der weiße Polizeibeamte Derek Chauvin tötete bei der Festnahme den am Boden liegenden 46-jährigen Afroamerikaner George Floyd, indem er neuneinhalb Minuten mit seinem Körpergewicht auf dem Hals des Schwarzen kniete und ihm trotz zahlreicher Bitten Floyds und umstehender Zeugen bis zu seinem Sterben die Atemwege abdrückte. Drei weitere anwesende Polizisten schritten nicht ein. Ein durch einen Passanten aufgenommenes Video des Vorfalls sorgte weltweit für Aufsehen und löste unter dem Motto „Black Live Matters“ eine Protestwelle gegen Polizeigewalt und Rassismus aus. Nach Ausschreitungen und Plünderungen, bei denen mehrere Menschen starben, wurden ab Ende Mai 2020 in 40 US-Städten Ausgangssperren verhängt und die Nationalgarde wurde eingesetzt. Amnesty International dokumentierte dabei in einem Bericht vom August 2020 weitere „vielfache und schwere Menschenrechtsverletzungen“ durch die Polizei.

George Floyd war im Unterschied zu Trayvon Martin und Michael Brown kein Schüler und auch nicht so unschuldig wie die beiden. Der 48-jährige war neun Mal wegen Straftaten zu Gefängnisaufenthalten verurteilt worden, darunter Drogendelikte, Diebstahl, Hausfriedensbruch, und Raub mit einer tödlichen Waffe. 2009 wurde er wegen des bewaffneten Raubs mit Komplizen zu fünf Jahren Gefängnis verurteilt.[14] Der Tod ereilte ihn indes wohl zu einer Zeit, als er seinem Leben eine bessere Richtung geben wollte.[15]

Doch es gab noch einen weiteren Unterschied zu den Fällen Martin und Brown: Die Polizisten entkamen nicht ihrer gerechten Strafe. Der Hauptangeklagte Derek Chauvin wurde 2021 zu einer Freiheitsstrafe von 22,5 Jahren und 2022 zu weiteren 21 Jahren Haft verurteilt. Seine drei Kollegen erhielten Gefängnisstrafen zwischen zweieinhalb und drei Jahren.

Moralische Überlegenheit aus der Geschichte

Aus dieser dramatischen Geschichte leitet die heutige Woke-Bewegung ihre moralische Überlegenheit ab. Wer nicht woke ist, wird als Rassist abgestempelt, als ein schlechter Mensch, der sozialen Ungerechtigkeiten gleichgültig gegenübersteht – und genau das ist in den Augen der Woke-Bewegung politisch alles andere als korrekt und moralisch zutiefst verwerflich.

Um keinen Raum für Missverständnisse aufkommen zu lassen: *Jedes* menschlichen Leben ist gleich hochzuachten, völlig unabhängig von der durch Black Live Matters herausgestellten Hautfarbe oder anderer Merkmale. Tatsächlich kam in den USA der Slogan „All Live Matters“ auf, der sich jedoch rasch dem Vorwurf der Trivialität ausgesetzt sah. Gravierender noch: Wer sich dafür aussprach, dass *jedes* menschliche Leben zählt, sah sich in die Ecke des Rassismus gestellt, weil „All“ als Gegensatz zu „Black“ interpretiert wurde, also einer Herabsetzung von Menschen mit schwarzer Hautfarbe gleichkam. Das mag verständlich sein vor dem Hintergrund, dass Schwarze in den USA einen in vielerlei Hinsicht schwereren gesellschaftlichen Stand haben als Menschen mit weißer Hautfarbe. Aber spätestens bei der Übertragung nach Europa und erst recht nach Deutschland sollte klar werden, dass „alle Menschen“ die deutlich bessere und gerechtere Formulierung darstellt.

Das hinderte „Woke“ indes nicht am Siegeszug weit über die USA hinaus. Dabei wurde der Begriff allmählich über den antirassistischen Ursprung hinaus auf dem Weg zum Mainstream erweitert zu einem generellen Bewusstsein für Ungerechtigkeiten, Ungleichheit und Unterdrückung von Minderheiten. In diesem Kern, also im Bewusstsein für Ungerechtigkeiten, Ungleichheit und Unterdrückung, ist Woke zweifelsohne begrüßenswert. Eine zivilisierte Gesellschaft zeichnet sich geradezu durch eine solche Grundlage aus. Gerechtigkeit, Freiheit und die Gleichheit vor dem Gesetz gehören zu den Grundsätzen der Menschenrechtscharta der Vereinten Nationen ebenso wie sie auch im Grundgesetz der Bundesrepublik Deutschland verankert sind. Darauf hinzuweisen mag eine Banalität sein, aber man kann es im Angesicht von Ungerechtigkeit, Ungleichheit und Unterdrückung auch als eine moralische Pflicht empfinden.

Identitätspolitik für immer neue Minderheiten

Doch aus dieser unverrückbaren Grundüberzeugung der eigenen moralischen Überlegenheit leitete die Woke-Bewegung immer neue Forderungen ab. Zusehends geht es darum, dass die Mehrheit, der Mainstream, in seinem Denken und Handeln Rücksicht nehmen soll auf „neue" Minderheiten", die von den Wokern „entdeckt" und als „besonders schützenswert" deklariert werden. Ein Schwerpunkt liegt dabei auf der Identitätspolitik, die die Bedürfnisse einer spezifischen Gruppe von Menschen in den Mittelpunkt stellt. Die Mitglieder dieser in der Regel recht kleinen Gruppe sollen eine höhere Anerkennung finden, ihre gesellschaftliche Situation soll verbessert und ihr Einfluss auf die

Allgemeinheit soll gestärkt werden. Die Identifizierung dieser Gruppen erfolgt durch kulturelle, ethnische, soziale oder sexuelle Merkmale.

Die Versklavung halb Afrikas durch die Weißen und die daraus resultierenden verheerenden Folgen waren eine himmelschreiende Ungerechtigkeit, gepaart mit Unmenschlichkeit. Wenn sich die Gesellschaft heutzutage darum bemüht, diese historische Schuld anzuerkennen und vor allem die Folgen abzumildern, dann ist das zweifelsohne gut und richtig. In diesem Sinne ist auch „Black Live Matters“ verständlich und unterstützenswert. Doch die Identifizierung immer neuer Gruppen durch die Woke-Bewegung, die als ebenfalls „unterdrückt und schützenswert“ an das Licht der Öffentlichkeit gezerrt werden und in das gleiche Ungerechtigkeitsschema gepresst werden mit der moralischen Überzeugung, die Mehrheit müsse auch ihnen eine besondere Aufmerksamkeit zukommen lassen, ist durch nichts zu rechtfertigen – außer durch Ideologie, Geschichtsversessenheit und dem Wunsch des Menschen, sich selbst auf die Seite der Guten zu setzen, was am einfachsten geht, wenn man andere, die abweichende Überzeugungen vertreten, als moralisch unterlegen abstempelt. Und genau das gelingt der Woke-Bewegung gut: Wer den immer neuen Forderungen, wie man sich korrekt zu verhalten, was man korrekterweise zu sagen und im Grunde wie man zu denken habe, widerspricht, sieht sich des Vorwurfs eines Schlechtmenschens ausgesetzt.

Linker Gegenpol zum Rechtspopulismus

Damit verbunden war eine politische Einordnung der Woke-Welle – nämlich als linker Gegenpol zu dem sich parallel aufkeimenden Populismus am rechten Spektrum, angefacht vom 45. Präsidenten der Vereinigten Staaten von Amerika, Donald Trump (2017 bis 2021). Wer sich gegen die Woke-Willkür aussprach, sah sich automatisch dem Lager der alten weißen Männer, angeführt vom Egomanen Donald Trump, zugeordnet. Nun sind die Gefahren des Rechtspopulismus in vielen Büchern und unzähligen Presseartikeln ausführlich beschrieben worden (völlig zu Recht!), aber die linke Woke-Szene blieb nicht nur weitgehend ungeschoren, sondern es wurde ihr in vielfältiger Weise nachgeeifert, um nur ja nicht in den Verdacht der Nähe zum Rechtspopulismus zu gelangen. Und damit lief die Sache aus dem Ruder. Aus der Woke-Wolke erwuchs eine Dominanz über unsere Sprache als Ausdruck unseres Denkens, die durch nichts gerechtfertigt ist.

Gendern steht exemplarisch für diese ungute Entwicklung. Aus dem US-amerikanischen Rassismus gegen Schwarze entwickelte sich die Idee, dass auch ein Kampf gegen die Unterdrückung von Frauen in der Gesellschaft geführt werden müsse, und dass dieser Kampf bei der Sprache zu beginnen habe. Wer „Arzt oder Apotheker“ sagt, grenzt, so die Logik dahinter, dadurch Ärztinnen und Apothekerinnen aus, weshalb stets von „Ärztinnen und Ärzten oder Apothekerinnen und Apothekern“ gesprochen werden müsse. Wer diese neudeutsche Formulierung nicht gebrauche, ist – aus woker Sicht – ein Rassist, ein Altmensch, ein ewig Gestriger, ein rechter Populist, ein Verachter von Frauenrechten, ein Unterdrücker, tatsächlich oder zumindest dem Geiste nach ein „alter weißer Mann". Denn der „alte weiße Mann" ist geradezu das Feindbild der Woke-Bewegung.

Feindbild „Alter weißer Mann"

Es war einst eine Beschreibung, doch dann wurde es eine Beschimpfung. Der Wandel von der Charakterisierung zur Beleidigung setzte Anfang der 1990er Jahre in den USA ein, als junge Menschen, Schwarze und Frauen ihr Recht auf Mitbestimmung einforderten. „Ich habe es satt, dass alte weiße Männer den Schwarzen vorschreiben, was sie tun dürfen", sagte ein schwarzer Konzertbesucher in Georgia 1990 einem Reporter über das Verbot von anstößigen Rap-Texten. Und eine Pflegefachfrau in einer Abtreibungsklinik in Texas ärgerte sich 1991 über alte, weiße Männer, die jungen Frauen das Recht absprachen, über ihren Körper zu bestimmen.[16]

Aufgemerkt: Auch diese Entwicklung hat ihren Ursprung in den Vereinigten Staaten von Amerika, also in einem Land, in dem der Konflikt zwischen Menschen mit schwarzer und weißer Hautfarbe ungemein ausgeprägter ist als in Europa. Es ist überliefert, dass die Feministin Betty Friedan die Republikaner als einen „Haufen dreckiger, alter weißer Männer" bezeichnete, weil diese 1998 ein Amtsenthebungsverfahren gegen den der demokratischen Partei angehörenden US-Präsident Bill Clinton wegen Machtmissbrauch, Meineids und Behinderung der Justiz vorantrieben.[17]

Die Reihenfolge der Wörter „alter weißer Mann“ ist übrigens kein Zufall, sondern jedes Wort stellt eine Steigerung des vorherigen dar. Es geht mit oberster Priorität um die männliche Dominanz, an zweiter Stelle um die Hautfarbe und an dritter Stelle um das Alter. Anders formuliert: Wer ein Mann ist, hat per se Unrecht, wer weiß ist, mit hoher Wahrscheinlichkeit auch, und wer mehr Lebensjahre zählt, ist vermutlich ohnehin „gaga“.

Das sind schlechte Nachrichten für viele Deutsche. In Deutschland sind mit Stand 2023 nämlich 22 Millionen Menschen 60 Jahre und älter, das ist mehr als jeder Vierte. Und es werden immer mehr. Bis zum Jahr 2050 wird ihr Anteil voraussichtlich auf 38 Prozent ansteigen. Derzeit weisen etwa drei Viertel der in Deutschland lebenden Menschen *keinen* Migrationshintergrund auf. Erfasst wird der „Migrationshintergrund“ übrigens seit 2005; zuvor gab es nur deutsche und ausländische Staatsbürger. Erst seitdem zählt das Statistische Bundesamt, wer hierzulande lebt und entweder selbst mit ausländischer Staatsangehörigkeit geboren wurde oder mindestens einen Elternteil ohne deutschen Pass hat.[18] Mehr als die Hälfte der „Migranten“ besitzt einen deutschen Pass, ist also ein Deutscher oder eine Deutsche. Das ist bei genauerem Nachdenken eine äußerst positive Entwicklung. Das „alte weiße Mann“ wird durch jüngere (das liegt im wahrsten Sinne des Wortes in der Natur) und farbigere Menschen ergänzt. Gleichzeitig steigt die Gleichstellung von Mann und Frau deutlich an. So erreichte Deutschland in der Rangliste zur Geschlechtergleichstellung des „Gender-Gap Report 2022“ des World Economic Forum den höchsten Wert seit Beginn der Betrachtung. Zugegeben: Vor Deutschland liegen Island, Finnland, Norwegen, Neuseeland, Schweden, Ruanda, Nicaragua, Namibia und Irland.[19] Das ist noch nicht perfekt. Aber es ist doch bemerkenswert, dass Deutschland vor den USA liegt, dem Land, aus dem die Woke-Welle nach Europa übergeschwappt ist. Wenn es also ein Land gäbe, in dem die Woke-Bewegung dem „alten, weißen Mann“ den Garaus machen sollte, dann doch die USA, bevor es hierzulande zur „Mode“ wird, jemanden herabzuwürdigen, weil er ein Mann ist, eine weiße Hautfarbe aufweist oder in ein gewisses Alter gekommen ist.

Der Fall Tyre Nichols

Im Januar 2023 starb der 29-jährige Schwarze Tyre Nichols im US-Bundesstaat Tennessee an den Folgen eines Polizeieinsatzes. Videos bewiesen, wie ein erneuter Fall von brutaler Polizeigewalt die USA erschütterte. Die Aufnahmen schockierten: Der junge Mann wurde im Rahmen einer Verkehrskontrolle mit seinem Auto angehalten, aus dem Wagen gezerrt und anschließend von mehreren Polizisten mit Fäusten und einem Schlagstock verprügelt. In einer Einstellung war zu sehen, wie zwei Polizisten Nichols' Oberkörper hochhalten, während ihm ein dritter Beamter gegen den Kopf tritt. Danach schleiften die Einsatzkräfte den schwer verletzten Nichols weg.[20]

Wieder einmal schien sich der Vorwurf von der staatlich sanktionierten weißen Vorherrschaft gegen Schwarze zu bestätigen – wenn es sich nicht bei den nach dem Vorfall des Totschlags angeklagten fünf Polizisten um Schwarze gehandelt hätte.[21]

Es war also zweifellos ein besonders eklatantes Beispiel brutaler und verabscheuungswürdiger Polizeigewalt in den USA, aber es war eindeutig kein Fall von Rassismus. Vielmehr lässt sich der Vorfall dahingehend deuten, dass die völlig unangemessene Ausübung rücksichtsloser Gewalt durch die Polizei in den Vereinigten Staaten von Amerika ein sehr ernsthaftes Problem darstellt – und zwar losgelöst von der Hautfarbe. Damit konnte dieser schreckliche Vorfall gerade nicht als Beispiel für die von der „Black Live Matters"-Bewegung hervorgerufene Woke-Bewegung herhalten. Darüber hinaus stellte sich angesichts des Falls Tyre Nichols die Frage, inwieweit diese übermäßige Polizeigewalt überhaupt etwas mit Rassismus oder Diskriminierung zu tun hatte, oder ob sie nicht eher einen Ausdruck der Verrohung auf Seiten der US-Polizeikräfte über alle Hautfarben hinweg darstellte.

Gendern

Im Grundgesetz der Bundesrepublik Deutschland heißt es in Artikel 3 eindeutig:

(1) Alle Menschen sind vor dem Gesetz gleich.

(2) Männer und Frauen sind gleichberechtigt. Der Staat fördert die tatsächliche Durchsetzung der Gleichberechtigung von Frauen und Männern und wirkt auf die Beseitigung bestehender Nachteile hin.

(3) Niemand darf wegen seines Geschlechtes, seiner Abstammung, seiner Rasse, seiner Sprache, seiner Heimat und Herkunft, seines Glaubens, seiner religiösen oder politischen Anschauungen benachteiligt oder bevorzugt werden. Niemand darf wegen seiner Behinderung benachteiligt werden.

Doch wer meint, klarer könnte man die Gleichstellung der Geschlechter nicht ausdrücken, der hat die Rechnung ohne die Gender-Generation gemacht.

Gendern: Männer, Frauen und andere

Die deutsche Sprache hat viele Worte aus dem Englischen übernommen. Dazu gehört der Begriff Gender, der das gelebte oder gefühlte Geschlecht eines Menschen bezeichnet, unabhängig vom biologischen. Klassischerweise geht man vom binären Geschlecht aus: entweder ist jemand männlich oder weiblich. Doch Gendern bedeutet, alle Geschlechter einzuschließen, also Männer, Frauen und nicht-binäre Personen. Doch im ersten Schritt geht es darum, alles so zu formulieren, dass stets auch die weibliche Rolle explizit genannt wird, also nicht nur „Arzt" als Inbegriff des Berufs, sondern „Arzt und Ärztin", oder noch korrekter „Ärztin und Arzt".

Die feministische Linguistik der Luise Pusch

Die zweifelhafte Ehre, neben Senta Trömel-Plötz und Marlis Hellinger zu den Mitbegründern dieser sogenannten „feministischen Linguistik" zu gehören, gebührt Luise Pusch. Sie gilt als die Mutter der gendergerechten Sprache in Deutschland. Sie selbst bezeichnet sich als „Großmutter" und ist stolz darauf, die „Gender-Pause" erfunden zu haben.

In ihrer 1984 veröffentlichten Textesammlung *Das Deutsche als Männersprache: Diagnose und Therapievorschläge* warf sie der deutschen Sprache eine Männerorientierung vor, die Frauen benachteilige. Puschs Antwort lag in der Entgeschlechtlichung der Sprache. Am einfachsten sei es dazu, die weiblichen Endungen *-in* und *-innen* abzuschaffen Weibliche Professorinnen oder Schriftsteller würden dann *die Professor* oder *die Schriftsteller* benannt. Pusch war jedoch klar, dass dieser Vorschlag auf breite Ablehnung stoßen würde. Wegen dieser erwarteten Nicht-Akzeptanz plädierte sie als nächstes für eine Forcierung des sogenannten Binnen-I (etwa *LehrerInnen*), um das umständliche *Lehrerinnen und Lehrer* zu vermeiden. Nachdem auch das in weiten Teilen der Bevölkerung keine große Begeisterung hervorrief, trat sie für die geschlechterübergreifende Verwendung von generischen Femininformen ein. Statt das maskuline *Lehrer* als Oberbegriff für männliche und weibliche Lehrkräfte zu verstehen, fordert Luise Pusch, die Bezeichnung *Lehrerinnen* zu verwenden, um Männer und Frauen gleichermaßen zu benennen.

Das alles sind zweifelsohne interessante sprachwissenschaftlich Experimente, die zu Pusch passen. Schließlich hat sie Anglistik, Latinistik und Allgemeine Sprachwissenschaft studiert, im Fach Anglistik mit einer Dissertation über *Die Substantivierung von Verben mit Satzkomplementen im Englischen und im Deutschen* promoviert[22] und mit der Schrift *Kontrastive Untersuchungen zum italienischen gerundio* habilitiert[23], bevor sie sich 1979 ihrem Forschungsschwerpunkt der feministischen Linguistik zuwandte.[24]

Für ihre wissenschaftliche Arbeit mag man ihr die Anerkennung nicht versagen, aber das Aufgreifen dieser sprachwissenschaftliche Experimente durch die Woke-Bewegung mit dem Ziel, daraus ein Sprachdiktat für die Umgangssprache zu zementieren, ist auf das Schärfste abzulehnen. Denn darum geht es in der Woke-Welt: Alle diejenigen, die sich der wundersamen Sprachwelt der Luise Pusch nicht anschließen wollen, als Ewiggestrige, als frauenfeindliche alte weiße Männer zu brandmarken.

Genderzeichen

Unter „Genderzeichen“ werden Sonder- und Interpunktionszeichen verstanden, die bei der Gendersprache Verwendung finden, um männliche, weibliche und diversgeschlechtliche Personen explizit einzuschließen. Zu den gebräuchlichsten Genderzeichen zählen das Binnen-I („IngenieurIn“), der Doppelpunkt („Ingenieur:in), die Paranthesen („Ingenieur[in]“), der Schrägstrich („Ingenieur/in“), das Sternchen („Ingenieur*in“), das Trema-ï („Ingenieurïn“) und der Unterstrich („Ingenieur_in“), auch Gender-Gap genannt. Allen Varianten gemeinsam ist, dass sie als Symbol für die Ablehnung des generischen Maskulinums stehen.[25]

Und wie sieht es mit der Aussprache der Sonder- und Satzzeichen aus? Auf keinen Fall werden sie gesprochen; man sagt also nicht „Ingenieur Sternchen in“ oder ähnlich. Vielmehr wird das Genderzeichen, egal welches, durch eine kurze Sprechpause gesprochen bzw. eben nicht gesprochen. Beispiel: „Ingenieur kurze Sprechpause in“. In der Fachwelt heißt das „Glottaler Plosiv“ oder „Glottisschlag“ und wird wie folgt definiert: Der stimmlose glottale Plosiv oder Glottisschlag ist in der Phonetik ein Konsonant, der durch die plötzliche, stimmlose Lösung eines Verschlusses der Stimmlippen gebildet wird. Also alles klar – oder doch noch ein wenig Unterricht in Phonetik nötig?[26]

Welches Sonderzeichen sollte man nehmen? Am besten gar keines! Aber wer doch damit hantieren will, dem sei zum Doppelpunkt geraten. Dieser hat nämlich den Vorteil, dass er von

Vorleseprogrammen als kurze Pause wiedergegeben wird. Wer lässt sich schon einen Text vorlesen? Na, auf jeden Fall alle Menschen mit einer Sehbehinderung. Die völlig zu Recht geforderte Barrierefreiheit bedeutet nämlich nicht nur, dass Gebäude, öffentliche Plätze, Arbeitsstätten, Wohnungen oder Verkehrsmittel für Menschen im Rollstuhl leicht zugänglich sein müssen, sondern auch, dass Texte für Blinde digital vorlesbar vorgehalten werden sollen. In einer digitalen Welt mit immer mehr Bildschirmen ist diese Form des barrierefreien Zugangs zu Informationen von hoher Bedeutung – schließlich gibt es nicht nur Menschen, die sich sexuell individuell definieren wollen, sondern auch Menschen, die mit einer ernsthaften körperlichen Behinderung zu kämpfen haben. Die Woke-Welle sollte diesen Personengruppen das Leben nicht noch schwerer machen.

Hinzu kommt beim Gendern die sogenannte „Beidnennung", die vollständige Paarform im Singular und Plural für das männliche und weibliche Geschlecht („Ingenieurinnen und Ingenieure"). Dabei wird im Genderjargon die weibliche Form immer zuerst genannt. Letzteres gilt nicht in den abgekürzten Formen wie „Ingenieur (m/w)" bzw. „Ingenieur („m/w/d"). Nachdem der erste Senat des Bundesverfassungsgerichts im Oktober 2017 entschieden hat, dass es im Geburtenregister neben der Bezeichnung männlich und weiblich noch die Möglichkeit für die Eintragung eines dritten Geschlechtes geben muss, sind in Deutschland seit dem 1. Januar 2019 Stellenanzeigen genderneutral zu formulieren, werden also in der Regel mit dem Zusatz „(m/w/d") versehen.

Doch es gibt noch eine ganz andere Betrachtungsweise: Wer einen Zwang zum Gendern verspürt, hat den Unterschied zwischen natürlichem und grammatischem Geschlecht nicht verstanden.

Natürliches und grammatisches Geschlecht

In der deutschen Sprache gibt es ein natürliches Geschlecht (Sexus) und ein grammatisches Geschlecht (Genus). Beides wird von der Gender-Community häufig verwechselt, in der Regel offenbar absichtlich. Es mag indes auch eine ganze Reihe von Gender-Followern geben, die sich dessen überhaupt nicht bewusst sind, weil sie einfach Argumenten anderer, die sie nicht verstehen, folgen. So werden Sexus und Genus oftmals wild durcheinander geworfen, Dabei ist der Unterschied leicht erkennbar, ohne Sprachwissenschaftler sein zu müssen.

Erstens gibt nämlich es drei Genusformen (maskulin, feminin, neutrum), aber nur zwei biologische Geschlechter (männlich und weiblich). Zweitens wird das Genus auch für Objekte ohne jede erkennbare Parallele zum natürlichen Geschlecht verwendet: *der* Stuhl, *die* Kommode, *das* Buch. Auch dass *der* Busen maskulin, *die* Eichel feminin und *das* Glied neutrum sind, beruht offensichtlich nicht auf biologischen Hintergründen.

Ähnlich verhält es sich beispielsweise mit *der* Leser oder *der* Kunde. Während der Genus übergeschlechtlich verwendet wird (*der* Gast, *der* Mensch, *die* Person, *die* Waise, *das* Kind, *das*

Individuum), stellt der Sexus eine weitere Aufsplitterung in männlich und weiblich dar. Dass kein Zusammenhang zwischen biologischem und grammatischen Geschlecht besteht, lässt sich anhand unzähliger Wörter darstellen. Beispiel: Es heißt *der* Löwe, *die* Schlange und *das* Pferd – obgleich alle drei Tierarten dieselben zwei Geschlechter haben. Und *die* Führungskraft ist auch dann richtig, wenn es sich dabei um einen Mann handelt.

Wir haben es hier mit etwas zu tun, was man in der Sprachwissenschaft „Synonymie" nennt. Synonyme sind gleichlautende Wörter, die aber unterschiedliche Dinge meinen. Ein „Flügel" kann beispielsweise der Teil eines Vogels sein, der Teil einer Fußballmannschaft oder ein Klavier. Manchmal sind diese Synonyme nicht so leicht auseinanderzuhalten, und da kommt es dann zu Missverständnissen wie in der feministischen Sprachwissenschaft. „Kunden" kann nämlich ebenfalls zweierlei bedeuten: „Menschen, die einkaufen" ebenso wie „Männer, die einkaufen". Indem Sprachkritiker behaupten, mit „Kunden" seien nur Männer gemeint, erzeugen sie den Eindruck, Frauen würden sprachlich unterdrückt. Sie richten sich nicht danach, was Menschen meinen, wenn sie etwas sagen, sondern danach, was sie ihnen unterstellen, was sie meinen. Wenn der Aussprechende mit „Kunden" Männer und Frauen meint, so ist das für die Genderverfechter gleichgültig, indem sie einfach behaupten, damit seien nur Männer gemeint und die Frauen würden unterdrückt. Doch genau das ist schlichtweg falsch.

Aus den soeben erklärten Gründen sind 99 Lehrerinnen und ein Lehrer zusammen hundert Lehrer: Es wird nämlich der grammatikalische Oberbegriff verwendet, sobald eine auch nur irgendwie gemischte Gruppe besteht. Ohne einen solchen Oberbegriff, der für beide Geschlechter gilt, würden sich bestimmte Sachverhalte überhaupt nicht formulieren lassen (etwa „Jeder dritte Unternehmer in Österreich ist eine Frau." oder „Wir kennen nicht mal das Geschlecht des Verdächtigen.") Ein „Tag" mit seinen 24 Stunden besteht aus Tag und Nacht, genauso wie „der Kunde" männlich oder weiblich sein kann – unabhängig von seinem grammatischen Geschlecht. Ähnlich verhält es sich mit „die Katze": Die weibliche Form steht als Oberbegriff sowohl für das weibliche Tier als auch für das männliche, das wir, wenn wir es genauer spezifizieren möchten, als „der Kater" bezeichnen (so wie „der Kunde", wenn weiblich, zu „die Kundin" wird). Zu behaupten mit „der Kunde" seien nur Männer gemeint, allein weil „der" davorsteht, ist grammatisch ungefähr so durchdacht wie es die Argumentation ist, mit „die Kunden" seien offenbar nur Frauen gemeint, weil „die" davorsteht. In Wahrheit drückt natürlich keiner der beiden Artikel den Sexus aus: „die" bezieht sich auf die Pluralform, „der" auf den Genus. Erst durch die konsequente Doppelbenennung in der feministischen Sprache „die Kunden und Kundinnen" wird der Sexismus in die Sprache eingeführt, wo er vorher durch den geschlechtsunabhängigen Oberbegriff nicht vorhanden war.

Zugegeben, Grammatik ist nicht jedermanns Sache. Aber wer in einer deutschen Sprachumgebung aufwächst, der lernt den

Unterschied zwischen Sexus und Genus von Kindesbeinen an. Und wer erst später zur deutschen Sprache dazustößt, dem verzeihen wir gerne den einen oder anderen Lapsus. Doch wenn jemand, der offensichtlich wenig Ahnung von deutscher Grammatik besitzt, darauf beharrt, dass seine und nur seine Ansicht richtig ist, dann ist Widerspruch angesagt.

Wolf Schneider, eine Legende des deutschen Sprachstils, Autor von Klassikern wie „Deutsch für Profis“ und Träger des Medienpreises für Sprachkultur, der an der Henri-Nannen-Journalistenschule Hunderte Redakteure ausgebildet hat, fasst es wie folgt zusammen: „Die ganze Gender-Debatte ist eine Wichtigtuerei von Leuten, die von Sprache keine Ahnung haben.“[27]

Nur am Rande sei auf das Thema der Neopronomen eingegangen, Wortschöpfungen, die sich um „er“, „seine“, „sie“, „ihre“ usw. zu drücken versuchen. Stattdessen kommen „xier“ oder „nims“ zum Einsatz. So steht etwa im Transgender-Handbuch der Deutschen Telekom der Beispielsatz: „Raheem arbeitet bei der Deutschen Telekom. Nimse Arbeitsumgebung unterstützt nimse Transition. Nin arbeitet gern mit nimsem Team zusammen.“[28] Falls Raheem männlich wäre, entspräche „nimse“ also „seine“, „nin“ für „er“ und „nimsem“ für „seinem“. Das in einem anderen Kapitel dieses Buches angesprochene Neusprech ist also nicht mehr weit entfernt – sofern wir nicht gegensteuern.

Wenn wir beim Gendern nach dem unsäglichen Motto „Der Klügere gibt nach“ verfahren, dann gewinnt eben… na wer wohl?... die Herrschaft über unsere Sprache. Sich dagegen zu wehren, ist im Grunde für jeden, der Sexus und Genus unterscheiden kann, eine Selbstverständlichkeit. Kritisch wird es jedoch, wenn uns „Obrigkeiten" falsch belehren wollen, wenn also die Presse oder die öffentliche Verwaltung zu gendern anfangen.

Verzicht aufs Kanzlerinamt

Als Angela Merkel 2005 zur Bundeskanzlerin gewählt wurde, wäre „eigentlich" der Zeitpunkt gekommen, ihr Amt umzubenennen – nämlich als Bundeskanzlerinamt. Doch die geborene Ostdeutsche war vernünftig, verzichtete darauf und regierte ganze 16 Jahre lang aus dem Bundeskanzleramt heraus. In dieser Zeit gab es weder eine Kanzleramtsministerin noch einen Kanzlerinamtsminister.[29]

Auch bei den Sonderzeichen – Sternchen, Innen-Plural, Unterstrich, Doppelpunkt mitten im Wort – ist die Bundesregierung bis heute zurückhaltend. 2021 sprach die damalige Familienministerin in einem Schreiben an das Kanzleramt, an die Ministerien und an die obersten Bundesbehörden die Empfehlung aus, in offiziellen Schreiben auf Sonderzeichen künftig zu verzichten. Das war zweifelsohne ein Akt der Vernunft, der die Auffassung widerspiegelt, dass es genügt, sprachlich zwei Geschlechter vorkommen zu lassen und alle weiteren stillschweigend mitzumeinen, ohne dafür jedes Mal ein Sonderzeichen zu setzen.

Es könnte auch ein Akt der Erkenntnis sein: Es war nämlich dieselbe Person, die zuvor als Bundesjustizministerin in einem Gesetzentwurf konsequent weibliche Formen für juristische und natürliche Personen genutzt hatte – und damit grandios gescheitert war. Statt wie üblich ausschließlich in der männlichen Form etwa „Geschäftsführer", „Verbraucher" oder „Schuldner" zu schreiben, hieß es in dem Gesetz zum Insolvenzrecht durchweg „Geschäftsführerin", „Verbraucherin" und „Schuldnerin". Das Innenministerium lehnte ab. Es gebe Zweifel, ob der Gesetzentwurf überhaupt verfassungsgemäß sei. Das generische Femininum sei „zur Verwendung für weibliche und männliche Personen bislang sprachlich nicht anerkannt." Möglicherweise gelte das Gesetz dann nur für Frauen.

In einem Leitfaden für die Formulierung von Rechtsvorschriften ist eigentlich geregelt: „Herkömmlich wird die grammatisch maskuline Form verallgemeinernd verwendet (generisches Maskulinum)." Wenn das Geschlecht für den jeweiligen Zusammenhang unwichtig ist, kann diese Vereinfachung gerechtfertigt sein. Für gewöhnlich wird dann vorausgesetzt, dass die Frauen „mitgemeint" sind. Nach Ansicht des Justizministeriums ergibt sich aus der Bezeichnung „herkömmlich" allerdings, „dass grundsätzlich auch andere Möglichkeiten zulässig sein können."[30]

Die Justizministerin musste den Gesetzentwurf von konsequent weiblich auf männlich umschreiben, bevor er Gesetzeskraft erlangte. Doch das hindert andere staatliche Institutionen in Deutschland nicht daran, sich fleißig der Gendersprache zu bedienen.

„Damen und Herren“ ist verfassungswidrig

So führte die Stadt Hannover 2018 als erste Stadt in Deutschland die Gendersprache verpflichtet für die Verwaltungsebene ein. Grundlage für die Entscheidung bildete ein 123 langes Gutachten von Ulrike Lembke, Professorin für Öffentliches Recht und Geschlechterstudien an der Humboldt-Universität Berlin, in dem sie zu dem Schluss gelangte, dass eine genderfreie Sprache verfassungswidrig sei.

Die Pflicht zur sprachlichen Nichtdiskriminierung besteht von Verfassung wegen“, gab sie zu Protokoll, und nannte auch gleich ein Beispiel: Bei der gängigen Anrede „Sehr geehrte Damen und Herren“ könnten sich Inter-, Trans- und non-binäre-Personen diskriminiert fühlen.[31]

Wer sich nicht als Verfassungsfeind outen will, sollte also – zumindest nach Ansicht dieser Professoren – besser mit „Guten Tag“ oder schlicht mit „Hallo“ begrüßen.

Hamburger gegen Gendern

Einen bemerkenswerten Versuch, sich dem Gendern zu widersetzen, startete eine Hamburger Volksinitiative Mitte Juli 2022. Bis Anfang 2023 kamen über 50.000 Unterschriften zusammen, so dass das Quorum für den Petitionsausschuss des Deutschen Bundestags erreicht wurde. Die Initiative „Schluss mit Gendersprache in Verwaltung und Bildung“ startete mit Unterstützung des „Verein Deutsche Sprache“ eine Online-Unterschriftenaktion. Die Initiatorin erklärte, die Praxis von Verwaltungen „artet aus in Identitätspolitik“. Es handele sich um eine „Verquickung von Sprache und Propaganda“.

Für Beschäftigte der Hansestadt gibt es seit Juni 2021 „Hinweise zur geschlechtersensiblen Sprache in der Hamburgischen Verwaltung“.[32] Dort heißt es unter anderem: „Eine geschlechtersensible Sprache zeichnet sich dadurch aus, dass sich mit dieser die Vielfalt der Gesellschaft ausdrückt. Um dieses Ziel zu erreichen hat sich eine Kombination aus geschlechtsneutralen Formulierungen, Umschreibungen bzw. inklusiven Formen z.B. Gender-Doppelpunkt oder Gender-Stern in der Anwendung bewährt.“ Das Dokument ist gespickt mit Beispielen. So werden beispielsweise Diplom-Ingenieur:in (Dipl.-Ing.:in), Universitätsdozent:in (Univ.-Doz.:in) und Geschäftsführer:in (GF:in) empfohlen, die Ansprechperson soll den Ansprechpartner bzw. die Ansprechpartnerin ersetzen, Lehrkraft, Studierende, Antragstellende und Teilnehmende würden die geschlechtliche Gleichstellung gewährleisten. Da der Gender-Ersatz für Schülerinnen und Schüler wie etwa „Schulbesuchende“ doch zu weltfremd klingt, soll auf Schüler:innen als geschlechtsübergreifende Form übergegangen werden. Bei Arzt oder Ärztin bietet die Sprachempfehlung „Ärztliches Fachpersonal“ als neutrale Formulierung an.

Gegen alle diese und viele weitere Gendervorgaben wehrte sich die Mitte 2022 ins Leben gerufene Initiative. In dem Aufruf hieß es: „Wir lehnen die Gendersprache ab, da sie diskriminierend, integrationsfeindlich und vorurteilsbeladen ist.“ Gendern grenze „eine vermeintlich fortschrittliche Elite“ von normalen Menschen ab, reduziere Personen auf ihr Geschlecht und benachteilige „bildungsferne und sprachbehinderte“ Menschen. Weiter: „Gendersprache ist sexistisch und menschenfeindlich.“ Vielmehr forderten die Initiatoren die deutsche „Standardsprache“ gemäß den Regeln des „Rats für deutsche Rechtschreibung“.[33]

Der Rat für deutsche Rechtschreibung

Der Rat für deutsche Rechtschreibung ist seit Dezember 2004 die Regulierungsinstitution der Rechtschreibung des Standardhochdeutschen. Er wurde von Deutschland, Österreich, der Schweiz, Südtirol, Liechtenstein und der Deutschsprachigen Gemeinschaft Belgiens mit dieser Aufgabe betraut. Diese beschreibt er selbst wie folgt: „Der Rat für deutsche Rechtschreibung ist ein zwischenstaatliches Gremium, das von den staatlichen Stellen damit betraut wurde, die Einheitlichkeit der Rechtschreibung im deutschen Sprachraum zu bewahren und die Rechtschreibung auf der Grundlage des orthografischen Regelwerks im unerlässlichen Umfang weiterzuentwickeln. Der Rat ist somit die maßgebende Instanz in Fragen der deutschen Rechtschreibung und gibt mit dem amtlichen Regelwerk das Referenzwerk für die deutsche Rechtschreibung heraus.“[34]

Der Rat hatte im Frühjahr 2021 zwar seine Auffassung, dass allen Menschen mit geschlechtergerechter Sprache begegnet werden soll und sie sensibel angesprochen werden sollen, klargestellt. Dies sei allerdings eine gesellschaftliche und gesellschaftspolitische Aufgabe, die nicht allein mit orthografischen Regeln und Änderungen der Rechtschreibung gelöst werden könnte. Vor diesem Hintergrund hat der Rat die Aufnahme von Asterisk („Gender-Stern“), Unterstrich („Gender-Gap“), Doppelpunkt oder anderen „verkürzten Formen zur Kennzeichnung mehrgeschlechtlicher Bezeichnungen im Wortinnern“ in das Amtliche Regelwerk der deutschen Rechtschreibung nicht empfohlen.[35]

Streit um das Gendern an Schulen

Die Empfehlungen des Rat für Rechtschreibung nahm auch der baden-württembergische Ministerpräsident Winfried Kretschmann Anfang 2023 zum Anlass, dem Landesschülerbeirat zu widersprechen, als dieser die Gendersprache im Klassenzimmer verankern wollte. Es sei „schon schlimm genug, dass so viele unserer Grundschüler nicht lesen können“. Man müsse es ihnen „nicht noch erschweren, indem man in der Schule Dinge schreibt, die man gar nicht spricht.“ Und: „Die Schulen müssen sich an das halten, was der Rat für deutsche Rechtschreibung vorgibt. Sonst haben wir am Ende keine einheitliche Rechtschreibung mehr.“[36] Damit wird der Rat für deutsche Rechtschreibung geradezu zu einem Bollwerk gegen die Gendersprache hochstilisiert. Bleibt zu hoffen, dass der Rat dieser Aufgabe auch künftig gewachsen ist

Der Verband Bildung und Erziehung hat ebenfalls gegen Sternchen und Doppelpunkt Stellung bezogen. Nach Verbandsaufassung habe die deutsche Sprache genug Möglichkeiten, regelkonform zu gendern, indem beide Geschlechter (Schülerinnen und Schüler) oder ein Neutrum (Lehrkräfte) verwendet würden. Ähnlich ist die Auffassung beim Philologenverband, der die Gymnasien vertritt. „Unsinniges Gendern“ würde bereits den Grundschülern das Lernen erschweren, erklärte Landesverbandschef Ralf Scholl Anfang 2023 – und zog einen brisanten Vergleich: „Auch in der DDR wurde versucht, Bewusstsein über von oben verordneten Sprachgebrauch zu schaffen.“ Die Gewerkschaft Erziehung und Wissenschaft (GEW) gesellt sich hingegen zur Genderfraktion: „Unsere Schüler*innen sprechen im Jahr 2023 nicht mehr mittelhochdeutsch. Die Lehrkräfte sind Profis genug, die richtigen Maßstäbe im Umgang mit gendergerechter Sprache zu setzen.“[37]

Diese Uneinigkeit der Verbände lässt nichts Gutes erahnen. Die Wahrscheinlichkeit ist hoch, dass der Konflikt auf dem Rücken der heranwachsenden Generation ausgefochten wird.

Mitläufer aller Orten

Das Gendern verbreitet sich unabhängig von seiner Sinnhaftigkeit gleich aus mehreren Gründen rasant in unserer Gesellschaft, hinter denen sich durchweg ein Phänomen verbirgt: das Mitläufertum. Durch die öffentlich-rechtlichen Medien und wohl noch stärker durch die sozialen Medien wird der Eindruck erweckt, Gendern sei eine moderne Weiterentwicklung unserer Sprache.

Für Unternehmen bedeutet dies: Wenn sie auf das Gendern und andere Formen des hochsensiblen Umgangs mit wokem Gedankengut verzichten, stehen sie rasch am Pranger, und das gleich zweifach. Zunächst ernten sie einen sogenannten Shitstorm (eine verbale Empörungswelle) in den sozialen Medien, anschließend berichten die von Redaktionen betreuten Medien darüber. Wer hingegen angemessen gendert, wird nicht angegriffen. Vor diesem Hintergrund fällen viele Führungsspitzen der Wirtschaft verständlicherweise die Entscheidung für das Gendern, um ihren Firmen die negative Publizität zu ersparen.

Bei der Bevölkerung entsteht oder verstärkt sich dadurch der Eindruck, dass Gendern zeitgemäß sei. Viele kennen die Hintergründe gar nicht, sind an linguistischer Aufklärung auch nicht interessiert, haben nie *1984* gelesen, sondern machen einfach mit, weil es vermeintlich alle tun. Wenn sie lesen, dass „jemand allen Lesern einen guten Tag" wünscht, sind sie häufig durch die Genderdebatte schon soweit vorgeprägt, dass bei ihnen beinahe schon zwangsläufig die Frage heranwächst „und was ist mit den Leserinnen?". Als „Ausweg" haben sie bereits gelernt, dass es „die Lesenden" gibt. Und wenn vom „Bürger- und Bürgerinnensteig" geredet wird, um Gendern in Absurde zu führen, weichen sie auf den „Gehsteig" aus. Das non-binäre Geschlecht ist bei vielen dieser Mitläufer noch nicht angekommen, auch deshalb, weil die anderen 70 Geschlechter (außer männlich und weiblich) einem im

Alltag so selten begegnen, dass man sie nicht „auf dem Radar“ hat. Das hindert die Mitläufer allerdings nicht daran, vorgegebenen Mustern zu helfen: „Damen und Herren“ ist out, haben viele bereits gelernt, „Guten Tag“ oder „Hallo“ lässt sich sogar noch flotter sprechen oder schreiben. Und die Anrede „Herr“ oder „Frau“ in Korrespondenz mit Ämtern und Unternehmen wird ohnehin immer schwieriger, weil anhand vieler Namen längst nicht mehr das Geschlecht bestimmt werden kann. Das wäre zwar leicht behebbar, in dem die betroffene Person einfach mit „Herr Hung Tran“ oder „Frau Hang Tran“ unterschreibt, aber das berücksichtigt natürlich nicht die non-binäre Sichtweise. Und so bietet sich ein vermeintlich leichter Ausweg an: „Guten Tag“ oder „Hallo“ und dann einfach den Vor- und Nachnamen ohne geschlechtsspezifische Bezeichnung aufführen.

Die historische Errungenschaft der Anrede „Herr“ und „Frau ist dabei schon lange verloren gegangen. Bekanntlich bezeichnete Herr zu früheren Zeiten den Höhergestellten gegenüber dem Geringeren, der Befehle erteilte. Letztere wurden nur mit ihrem Nachnamen angesprochen, ein Recht auf „Herr“ hatten sie nicht. Erst im Zuge der Aufklärung gehörte es zu den großen Errungenschaften, dass jedermann das Recht auf „Herr“ zugesprochen bekam.

Mit der Vorstellung der Gleichheit der (biologischen) Geschlechter entstand auch das Recht auf die Anrede „Frau“. Niemand sagt heute mehr beispielsweise „Meier“, sondern es heißt „Herr Meier“ oder „Frau Meier“ – oder hieß jedenfalls so, bis die

Gendergeneration übernahm. Der Woke-Bewegung, die von einem geringen Geschichtebewusstsein gekennzeichnet ist und Kultur ohnehin zumindest teilweise auslöschen will („Cancel Culture“), stehen derlei historische Zusammenhänge bei der Abschaffung von „Herr“ und „Frau“ indes nicht im Wege.

Gendern wichtiger als die Faktenlagen

Wohin es führen kann, wenn Gendern wichtiger ist als die Faktenlage, verdeutlichte auf bedrückende Weise die ehemalige rheinland-pfälzische Umweltministerin und spätere Bundesministerin Anne Spiegel. Zu Beginn der Flutkatastrophe im Ahrtal 2021 ließ ihr Ministerium eine Pressemitteilung mit dem Titel „Angespannte Hochwasserlage in Rheinland-Pfalz“ verbreiten. Darin wurde Spiegel mit den Worten zitiert: „Wir nehmen die Lage ernst, auch wenn kein Extremhochwasser droht.“ Sie appellierte an alle Flussanlieger, die Lage im Blick zu behalten. Insbesondere Campingplatzbetreiber sollten Vorkehrungen treffen. Wie die „Rhein-Zeitung“ anhand von SMS-Protokollen später herausfand, wurde die Pressemitteilung von der Ministerin freigegeben. Sie schrieb demnach: „Konnte nur kurz draufschauen, bitte noch gendern CampingplatzbetreiberInnen, ansonsten Freigabe.“[38]

Das Gendern war der Ministerin wichtig; dass der Inhalt völlig verharmlosend war angesichts der anstehenden Flutkatastrophe. Kurze Zeit später richteten reißende Wassermassen eine 40 Kilometer lange Schneise der Verwüstung an; mehr als 180

Menschen fanden den Tod, hunderte Menschen wurden teils schwer verletzt, Häuser wurden weggeschwemmt, ganze Landstriche verwüstet.[39] Nur das Gendern hatte geklappt.

Im April 2022 musste die Bundesministerin für Familie, Senioren, Frauen und Jugend zurücktreten. Nach der gendergerechten Freigabe der Pressemitteilung hatte sie offensichtlich einen ausgiebigen Familienurlaub in Frankreich angetreten statt sich um die verheerende Flutkatastrophe in ihrer Heimat zu kümmern.[40]

Genitalien voraus

Das Destruktive am Gendern liegt darin, dass es das Geschlecht als das wichtigste Merkmal einer jeden Aussage hervorhebt. Wenn wir sagen „Autorinnen und Autoren verurteilen den russischen Angriffskrieg gegen die Ukraine“, dann liegt darin die Betonung, dass Frauen und Männer dabei sind, an erster Stelle; erst an zweiter geht es um die eigentliche Aussage, die Ablehnung des Krieges. Lassen wir dazu die Schriftstellerin Nele Pollatschek zu Wort kommen, die 2020 den Artikel „Deutschland ist besessen von Genitalien – Gendern macht die Diskriminierung nur noch schlimmer“, veröffentlichte: „Wenn es mich nicht gerade traurig macht, kann ich einen gewissen Humor darin entdecken, wie besessen Deutschland von Genitalien ist. Denn mit wenigen Ausnahmen geht es beim Gendern um Genitalien, nicht notwendigerweise um die, die wir sehen, aber um die, von denen wir denken, dass sie da sind...“[41]

Wesentlich besser bekommt es die englische Sprache hin. Zu dem Zeitpunkt, als deutsche Zeitschriften anfingen, anstatt von „Schauspielern“ von „Schauspielern und Schauspielerinnen“, Schauspielenden, SchauspielerInnen, Schauspieler_innen und Schauspieler*innen zu schreiben, entschied der britische *Guardian*, nur noch das Wort „Actor“ zuzulassen und „Actress“ zu streichen. Ähnlich wurden Margaret Thatcher und Theresa May in der englischen Presse als Prime Minister bezeichnet, während Angela Merkel sich den Hinweis auf ihr Geschlecht als Bundeskanzlerin gefallen lassen musste. Actor und Prime Minister entsprechen dem generischen Maskulinum, das im Deutschen genau zu diesem Zweck geschaffen wurde – auch wenn heute viele versuchen, es abzuschaffen.

Indes erfolgt das Gendern in den deutschen Medien häufig nur halbherzig, und zwar aus einem einfachen Grund: Vollständig gegenderte Sätze sind oftmals unlesbar. Ein Beispiel des NDR: „An den Protesten des Aktionsbündnisses scheiden sich die Geister: Manche halten die Aktivistinnen und Aktivisten für Klimaretter, andere für Querulanten.“ Die durchgegenderte Fassung „An den Protesten des Aktionsbündnisses scheiden sich die Geister und Geisterinnen: Manche halten die Aktivistinnen und Aktivisten für Klimaretterinnen und Klimaretter, andere für Querulantinnen und Querulanten“ kommt eben doch zu nah an die Satire heran.

Die Vielfalt der Geschlechter

„Männer haben einen Penis, Frauen eine Vagina" – so einfach war die Welt noch zu Zeiten unserer Eltern. Doch das ist – jedenfalls laut Woke – überholt. Dabei handelt es sich nämlich um „binäre Geschlechtsidentitäten". Wir erinnern uns: Das binäre Zahlensystem kennt nur „Null" und „Eins"; unsere Computer arbeiten mit dieser binären Arithmetik. Doch wir sind Menschen und können viel weiter zählen. So nähern wir uns dem Thema der nicht-binären Geschlechtsidentitäten.

„Nichtbinäre Geschlechtsidentitäten ergeben sich allgemein nicht aus bestimmten Körpermerkmalen, sondern aus dem eigenen Geschlechtsempfinden einer Person" – wer das schreibt? Das deutsche Familienministerium, und zwar im Jahr 2019.[42] Ob das dem Ministerium peinlich ist?

Darauf gibt es keine Antwort, aber auffällig ist schon, dass diese Definition nicht auf dem Internetportal www.bmfsfj.de (Bundesministerium für Familie, Senioren, Frauen und Jugend, ohnehin ein bemerkenswert beliebiger Zuschnitt des Ressorts), sondern auf www.regenbogenportal.de, dem Regenbogenportal des Ministeriums, zu finden ist.

Das Regenbogenportal der Bundesregierung

Im Regenbogenportal heißt es unter dem Begriff „Selbstverständnis“ unter anderem:[43]

Das Regenbogenportal ist der Informationspool der Bundesregierung zu gleichgeschlechtlichen Lebensweisen und geschlechtlicher Vielfalt. Es wird herausgegeben vom Bundesministerium für Familie, Senioren, Frauen und Jugend und redaktionell betreut vom Bundesamt für Familie und zivilgesellschaftliche Aufgaben.

Das Regenbogenportal wendet sich an Menschen aus der LSBTIQ-Community, also an lesbische, schwule, bisexuelle, trans, inter* und queere Personen – sowie an alle, die mehr über unser vielfältiges Themenspektrum erfahren möchten.*

Unser Anliegen ist es, die Unterstützungs- und Beratungslandschaft für LSBTIQ-Menschen zu verbessern. Dazu bieten wir hilfreiche Informationsartikel und Materialien und listen Angebote im gesamten Bundesgebiet auf. Zu diesen zählen zum Beispiel Beratungsstellen, Selbsthilfegruppen, Interessenverbände wie auch Freizeitangebote.

Ein eigener Bereich widmet sich den „Fachkräften“: Ihnen werden die im Regenbogenportal enthaltenen Materialien zu den wichtigsten Sachverhalten und Fragen, die im beruflichen Alltag zu LSBTIQ auftauchen können, schnell und anwendungsorientiert zugänglich gemacht. Auch finden sich aktuelle Hinweise zu Fachveranstaltungen und Fortbildungen.

Abgerundet wird unser Angebot durch die Rubrik „Initiativen“. Dahinter verbirgt sich zum einen das „Dialogforum Geschlechtliche Vielfalt“ – eine seit Juni 2020 bestehende Arbeitsgruppe zu Fragen der geschlechtlichen Vielfalt. Zum anderen werden Initiativen der einzelnen Bundesländer und des Bundes vorgestellt.

Wenn das Familienministerium ein eigenes Internetportal für LSBTIQ einrichtet, dann muss es sich dabei um ein gesellschaftlich äußerst relevantes Anliegen handeln, sollte man meinen. Ein eigenes Portal für Familien mit Kindern oder Senioren gibt es nämlich nicht. Also leben in Deutschland mehr LSBTIQ-Menschen also Familien mit Kindern oder Senioren? Mitnichten!

2022 gab es in Deutschland rund 10.000 Regenbogenfamilien, davon etwa 4.000 gleichgeschlechtliche Ehepaare und 6.000 gleichgeschlechtliche Lebensgemeinschaften mit minderjährigen Kindern. Zum Vergleich: Im gleichen Jahr zählte die Statistik rund 11,6 Familien mit mindestens einem minderjährigen Kind[44] und 18,4 Millionen Senioren, die 65 Jahre oder älter sind.[45]

Gut, dass Homosexualität nicht mehr strafbar ist

Um einmal mehr unbewussten oder gewollten Missverständnissen vorzubeugen: Es ist nichts – gar nichts – dagegen einzuwenden, dass gleichgeschlechtliche Paare einen gemeinsamen Haushalt oder eine Familie bilden! Es ist gut und richtig, dass Männer Männer und Frauen Frauen lieben dürfen, ohne dass der Staat dagegen Einwände erhebt. Ganz im Gegenteil: Seit Ende der 1990er bestimmte in Deutschland die staatliche Anerkennung von gleichgeschlechtlichen Paaren die rechtliche und gesellschaftliche Diskussion. Am 30. Juni 2017 beschloss der Bundestag die Öffnung der Ehe für gleichgeschlechtliche Paare.

Das war nicht immer so. Bis 1969 stand männliche Homosexualität in der Bundesrepublik Deutschland unter Strafe. Ursprung dieser Gesetzgebung war das Reichsstrafgesetzbuch von 1872. Dessen Paragraph 175 lautete:

Widernatürliche Unzucht, welche zwischen Personen männlichen Geschlechts oder von Menschen mit Thieren begangen wird, ist mit Gefängniß zu bestrafen; auch kann auf Verlust der bürgerlichen Ehrenrechte erkannt werden.

Bis 1918, dem Zusammenbruch des Kaiserreichs, führte diese Gesetzgebung zur Verurteilung von beinahe 10.000 Männern. In der Weimarer Republik galt das Gesetz weiterhin, erste Initiativen bemühten sich jedoch um eine Lockerung des Paragraphen. Unter nationalsozialistischer Herrschaft wurde der Paragraph 175 im Jahr 1935 deutlich verschärft: „Ein Mann, der mit einem anderen Mann Unzucht treibt oder sich von ihm zur Unzucht missbrauchen lässt, wird mit Gefängnis bestraft." Bereits ein bloßer Verdacht oder eine Denunziation konnten ausreichen aus, um mit bis zu zehn Jahren Gefängnis und Konzentrationslager bestraft zu werden. Schätzungen gehen davon aus, dass im Dritten Reich rund 50.000 Männer aufgrund von Paragraph 175 inhaftiert und bis zu 15.000 in Lager deportiert wurden. Tausende wurden dort ermordet.

Nach dem Krieg wurde den Überlebenden der Homosexuellenverfolgung der NS-Zeit häufig die Anerkennung als Opfer versagt – erst 2002 wurden Männer, die vor NS-Gerichten als Homosexuelle verurteilt worden waren, vom Bundestag juristisch rehabilitiert. In der noch jungen Bundesrepublik existierte der Paragraph 175 nach wie vor. 1957 wies das Bundesverfassungsgericht eine Klage gegen die Bestimmungen des Strafgesetzbuches zur Strafbarkeit von Homosexualität zurück. Sie seien weder formal noch inhaltlich nationalsozialistisch geprägt. Zudem verstoße der Paragraph 175 nach Ansicht der Verfassungsrichter nicht gegen das Grundrecht auf die freie Entfaltung der Persönlichkeit. Weiterhin wurden tausende Männer wegen ihrer sexuellen Orientierung unter anderem zu Haftstrafen verurteilt: Etwa 45.000 Verurteilungen gab es allein zwischen 1950 und 1965 in der Bundesrepublik.[46]

Bemerkenswert: Die damalige DDR setzte schon 1957 die strenge Auslegung des Paragraphen 175 aus. Seit diesem Jahr wurden homosexuelle Handlungen zwischen Männern kaum noch bestraft. 1968 wurde der Paragraph mit der Einführung des neuen Strafgesetzbuchs der DDR vollständig gestrichen. In der Bundesrepublik Deutschland wurde hingegen bis in die 1990er Jahre der Paragraph 175 weiterhin angewendet. So wurden 1990 in der Bundesrepublik in 125 Verfahren 96 Personen auf dieser Grundlage verurteilt wurden, zehn Männer saßen deswegen in

Haft. Erst im Zuge der Wiedervereinigung der beiden deutschen Staaten und der Zusammenführung ihrer Rechtssysteme wurde der Paragraph 175 im März 1994 nach diversen Gesetzesinitiativen endgültig aus dem Strafgesetzbuch gestrichen. Schon zuvor, nämlich im Jahr 1969, war mit der Reform des Strafgesetzbuches der Paragraph 175 zum ersten Mal in der Bundesrepublik geändert worden. Homosexualität unter erwachsenen Männern über 21 war demnach keine Straftat mehr. 1973 wurde das Alter auf 18 Jahre herabgesetzt.

Seit 2001 existiert in Deutschland die Möglichkeit einer „eingetragenen Lebenspartnerschaft" für homosexuelle Paare. In der Gesetzgebung sind eingetragene Partnerschaften bei der Erbschaftssteuer Ehen gleichgestellt, in Bezug auf Einkommenssteuer und Familienrecht allerdings (noch) nicht. Auch gelten mit Stand 2023 nach wie vor abweichende Regelungen für Lebenspartner, die gemeinsam ein Kind adoptieren wollen.[47]

Aber: Wir reden dabei immer noch vom binären Geschlecht: Männer haben einen Penis, Frauen eine Vagina. Es geht darum, die sexuelle Orientierung von Männern und Frauen aus der Strafbarkeit herauszunehmen. Das ist gut und richtig, denn die private und von beiden oder allen Seiten gewollte Sexualität geht den Staat schlichtweg nichts an – sofern der Kinder- und Jugendschutz gewahrt bleibt. Doch es geht dabei stets um das biologische Geschlecht.

Das biologische Geschlecht im Überblick

Die Biologie ist bei der Geschlechterfrage eindeutig: Sie macht das Geschlecht an der Rolle in der Fortpflanzung fest. Bei der geschlechtlichen Fortpflanzung treffen immer kleine Samenzellen auf wesentlich größere Eizellen. Diejenigen Lebewesen, die die kleinen Samenzellen produzieren, heißen männlich. Und die, die die großen Eizellen produzieren, heißen weiblich. Dabei ist es völlig egal, ob sie den Nachwuchs im Bauch tragen, im Ei ausbrüten oder, wie bei Pflanzen, aus einer Blüte eine Frucht entsteht. Das ist die biologische Definition – nach der gibt es diese zwei Geschlechter und sonst keins.

Lebewesen, die keine Ei- oder Samenzellen produzieren, haben nach dieser Definition kein drittes, sondern gar kein Geschlecht. Lebewesen wiederum, die beides produzieren – die gibt es vor allem im Reich der Pflanzen – heißen Zwitter. Aber auch sie definieren kein drittes Geschlecht.

Mit diesem biologischen Geschlecht gehen bei vielen Tieren und speziell auch beim Menschen in der Regel andere Merkmale einher. Die Männer haben Penisse und Hoden und bekommen Bärte. Die Frauen haben eine Gebärmutter, eine Vagina und bekommen Brüste. Diese Merkmale sind wiederum in der Regel darauf zurückzuführen, dass die Körperzellen der Männer ein Y-Chromosom haben, die der Frauen dagegen nicht; die haben dafür ein zweites X-Chromosom. Allerdings gilt das nur für Säugetiere – bei anderen Tieren sieht das mit den Chromosomen wieder anders aus. Wichtig ist deshalb: Die Chromosomen bestimmen zwar in der Regel das Geschlecht, aber sie definieren es nicht.[48]

Doch es gibt Ausnahmen. Es gibt Menschen mit einem Y-Chromosom, die trotzdem weibliche Genitalien haben, weil ihnen ein bestimmter Rezeptor fehlt und ihre Zellen auf die männlichen Hormone nicht reagieren. Es gibt Menschen, die gleichzeitig Eierstock- und Hodengewebe haben. Das sind nur zwei von vielen Beispielen für intersexuelle Menschen, bei denen der Satz: „Männer haben …" oder „Frauen haben …" so nicht zutrifft. Schätzungen zufolge fallen etwa 0,007 Prozent der Neugeborenen oder 0,2 Prozent der Bevölkerung in Deutschland unter diese Ausnahme. Einige hundert Personen in Deutschland definieren sich selbst weder als Mann noch als Frau, weiß die renommierte Fachzeitschrift *Ärzteblatt* zu berichten.[49] Menschen mit einer Besonderheit der Geschlechtsentwicklung ordnen sich fast immer einem der beiden Geschlechter zu, hat die Wissenschaft herausgefunden. Das Bundesverfassungsgericht ging in einem Intersexualität-Urteil aus dem Jahr 2017, bei dem die Richter einen dritten Geschlechtseintrag im Behördenregister gefordert hatten, von bis zu 160.000 Betroffenen insgesamt aus.

Etwa 150 Eltern haben bislang ihr Neugeborenes als „divers" eintragen lassen, waren sich also augenscheinlich nicht darüber im Klaren, ob der Nachwuchs männlich oder weiblich ist.[50] Um das einzuordnen: Im Jahr 2021 kamen rund 795.500 Kinder zur Welt.[51]

Wie wenig die Genderszene das biologische Geschlecht akzeptiert, musste 2021 die britische Philosophieprofessorin Kathleen Stock erfahren. Sie wagte es, der Vorstellung zu widersprechen, dass es eine Geschlechtsidentität in Form eines inneren Gefühls gebe, der das biologische Geschlecht ohne medizinischen Befund anzupassen sei. Vielmehr vertrat sie die Ansicht, dass Menschen ihr biologisches Geschlecht nicht ändern könnten. Der transaktivistischen Vorstellung, dass Geschlechtsidentität in Fragen von Gesetz und Politik den Ausschlag gebe, stellte sie sich entgegen – mit Worten, wie es sich für eine Universitätsprofessorin gehört. Die Gender-Szene antwortete mit Taten: Über Monate hinweg wurde Kathleen Stock von Genderaktivisten bedroht und bedrängt; die Polizei riet ihr, Leibwächter zu engagieren. Schließlich gab sie ihre Professur auf, obwohl sich die Gleichstellungsbeauftragte der britischen Regierung hinter sie gestellt hatte.[52]

In dieser radikalen Form ist das bislang ein Einzelfall. Aber er zeigt auf, mit welcher Aggressivität die Woke-Szene ihre Vorstellungen von der Welt durchzusetzen gewillt ist. Wer widerspricht, wird niedergemacht – häufig nur mit Schmähungen, aber gelegentlich auch mit ernsthaften Drohungen.

72 Geschlechter und mehr

Die Woke-Welle geht nämlich weder von zwei Geschlechtern noch von einem dritten Zwischengeschlecht aus, sondern von, man höre und staune, 72 verschiedenen Geschlechtern. Mehr noch, sie fordert, dass alle Menschen dieser Geschlechtervielfalt

Rechnung tragen sollen, von öffentlichen Toiletten über Bewerbungen bis hin zu neuen Sprachformen wie dem Gender-Sternchen etwa bei *Kolleg*innen*. Mit Biologie oder Wissenschaft hat das indes nichts zu tun, es geht ausschließlich um sprachliche Manipulation.

Für alle, die nicht ganz „en woke" sind, sei der Liste der 72 Geschlechter, die das soziale Netzwerk Facebook seinen deutschen Nutzern in Abstimmung mit dem hiesigen Schwulen- und Lesbenverband gewährt, nachfolgend aufgeführt: androgyner Mensch, androgyn, bigender, weiblich, Frau zu Mann (FzM), gender variabel, genderqueer, intersexuell (auch inter*), männlich, Mann zu Frau (MzF), weder noch, geschlechtslos, nicht-binär, weitere, Pangender, Pangeschlecht, trans, transweiblich, transmännlich, Transmann, Transmensch, Transfrau, trans*, trans* weiblich, trans* männlich, Trans*Mann, Trans*Mensch, Trans* Frau, transfeminin, Transgender, transgender weiblich, transgender männlich, Transgender Mann, Transgender Mensch, Transgender Frau, transmaskulin, transsexuell, weiblich-transsexuell, männlich-transsexuell, transsexueller Mann, transsexuelle Person, transsexuelle Frau, Inter*, Inter*weiblich, Inter*männlich, Inter* Mann, Inter*Frau, Inter*Mensch, intergender, intergeschlechtlich, zweigeschlechtlich, Zwitter, Hermaphrodit, Two Spirit drittes Geschlecht (indianische Bezeichnung für zwei in einem Körper vereinte Seelen), Viertes Geschlecht, XY-Frau, Butch (maskuliner Typ in einer lesbischen Beziehung), Femme (femininer Typ in einer lesbischen Beziehung), Drag, Transvestit, Cross-Gender.[53] Im Grunde genügt diese Aufzählung, um die Absurdität der 72 Geschlechter begreifbar zu machen. Der Lesben- und Schwulenverband schätzt, dass sich etwa drei Prozent der Deutschen nicht eindeutig einem Geschlecht zuordnen. Aber ob ihnen diese Auswahl aus 72 Geschlechtern eine Orientierungshilfe gewährt, darf bezweifelt werden.

Eine Auswahlmöglichkeit fehlt übrigens: Cisgender. Cisgender, cisgeschlechtlich oder kurz cis bezeichnet Personen, deren Geschlechtsidentität mit ihrem im Geburtenregister eingetragenen Geschlecht übereinstimmt, das meist anhand der sichtbaren körperlichen Geschlechtsmerkmale des Neugeborenen beurteilt wird. Hat das Baby „ein Zipfelchen“ gilt es als männlich, andernfalls als weiblich.[54]

Aber „Mann“ und „Frau“ oder „heterosexuell“ und „lesbisch“ bzw. „schwul“ sind in der woken Welt keine gewollten Begriffe mehr. Der Fokus liegt auf queeren Menschen, wobei queer als Sammelbegriff für Lesben, Schwule, Bisexuelle, trans- und intergeschlechtliche Menschen Verwendung findet.[55]

Geschlechtsumwandlung per Gesetz

Im Sommer 2022 legte die deutsche Bundesregierung einen erstaunlichen Gesetzentwurf vor: Der Geschlechtseintrag im Personalausweis sollte künftig durch eine einfache Erklärung beim Standesamt geändert werden können.[56]

Wer zuvor sein Geschlecht ändern lassen wollte, musste laut Transsexuellengesetz von 1980 (mit der Reform abgeschafft) ein langes, teures und quälendes Verfahren durchlaufen. Dazu gehörten unter anderem zwei psychische Gutachten, bei denen zahlreiche intime Fragen etwa zum Masturbationsverhalten beantwortet werden mussten. Dieses Verfahren war sicherlich reformbedürftig, aber die jährliche Geschlechtsumstellung bei Antrag beim Amt stellt wohl eines der besten Beispiele für „das Kind mit dem Bade ausschütten" dar. Nach dem neuen Gesetz kann jeder ab 14 Jahren (!) auf dem Standesamt seinen Vornamen und sein Geschlecht selbst festlegen – einfach so.

Jugendliche ab 14 Jahren können die Erklärung zwar selbst abgeben, bedürfen jedoch immerhin der Zustimmung der Eltern. Wenn die Eltern gegen die Umwandlung sind, ihr Kind aber darauf besteht, entscheidet ein Familiengericht.

Der Bundestag hatte übrigens schon 2018 beschlossen, dass es im Geburtenregister neben dem männlichen und weiblichen Geschlecht auch eine dritte Option sowie die Möglichkeit der Streichung des Eintrags geben sollte. Bis zum 30. September 2020 hatten sich 394 Menschen für „divers" entschieden oder ließen den Eintrag offen; das sind 0,00000119 Prozent aller Deutschen. Zusätzlich waren bis dahin noch 19 Neugeborene als „divers" registriert worden; etwa 0,00239 Prozent aller Babys.[57] Nun ist der Schutz einer Minderheit, und sei sie noch so klein, wichtig für das Gesamtverständnis einer Gesellschaft, in der alle Menschen mit der gleichen Würde zu behandeln sind. So sind zwar nur etwa

1,68 Prozent aller in Deutschland lebenden Menschen auf einen Rollstuhl angewiesen, aber es werden zu Recht viele Anstrengungen unternommen, Rollstuhlfahrern den Zugang zu öffentlichen Gebäuden, Geschäften, Restaurants und Verkehrsmitteln zu ermöglichen. Denn jedem vernünftig denkenden Menschen ist klar, dass niemand freiwillig im Rollstuhl sitzt. Diese Einschränkung gilt in der Regel ein Leben lang, sie lässt sich nicht jährlich ändern. Daher ist *diese* Fürsorge für eine Minderheit – und dafür gibt es natürlich zahlreiche Beispiele – Lichtjahre entfernt vom Schutz einer Minderheit, die sich nach Belieben amtlich ein neues Geschlecht verschafft. Vor allem aber ist keine Forderung der Rollstuhlfahrer bekannt, Treppen abzuschaffen, sondern es geht darum, ihnen mit Rampen und Liften zusätzlich einen Zugang zu verschaffen. Anders bei Woke: Dort steht immer und immer wieder die Forderung im Raum, ihren Bedürfnissen auf breiter Front Rechnung zu tragen, von der Alltagssprache bis eben zur Gesetzgebung.

Der Fall Markus Tessa Ganserer

Die für das abenteuerliche Gesetz zuständigen Minister gehen davon aus, dass nur etwa 1 bis 1,5 Prozent aller in Deutschland lebenden Menschen ihr Geschlecht öfter als einmal auf dem Papier umwandeln wollen.[58] Einer der wichtigsten Gründe hierfür mag darin liegen, berufliche Vorteile zu erlangen. Männer, die sich selbst zur Frau erklären, können daraufhin nämlich über eine Frauenquote auf eine Position gelangen, die ihnen als Mann verschlossen bliebe. Diese Gedankenakrobatik ginge dann doch zu weit? Mitnichten – wie ein Blick in den Deutschen Bundestag zeigt. 2021 zog die Politikerin Tessa Ganserer in den Bundestag ein, geboren als „Markus Ganserer"; Die Zulassung für die Bundestagswahl 2021 im Kreiswahlausschuss erfolgte als „Markus (Tessa) Ganserer, Försterin, MdL".[59] Dass Ganserer den Weg in den Bundestag überhaupt geschafft hat, liegt an der Regeln der Partei Die Grünen. Mit dem „Frauenstatut" des Bundesvorstandes will die Partei die „gleichberechtigte Teilhabe von Frauen in der Politik" fördern. In der Präambel ist auch definiert, wer als Frau gilt: „Von dem Begriff „Frauen" werden alle erfasst, die sich selbst so definieren." Und da Ganserer sich 2018 als Frau geoutet hat, ist sie im Sinne der Grünen auch eine. Bezeichnenderweise kritisierte ausgerechnet das feministische Magazin *Emma* scharf, dass das Frauenstatut der Grünen „de facto von den deutschen Wahlbehörden übernommen" wurde und Ganserer statistisch und im Bundestag als Frau geführt wird. Die Initiative „Geschlecht zählt" legte Einspruch gegen Ganserers Sitz auf einen Frauenquotenplatz im Bundestag ein: „Es geht nicht um den persönlichen Fall Ganserer, sondern um die Neudefinition des Begriffs Geschlecht", erklärte die Initiative gegenüber *Emma*.[60] Nur am Rande, um sich in der woken Begriffswelt zurechtzufinden: Wenn man sein gefühltes Geschlecht ändert und damit auch gleich den Vornamen anpasst, heißt der alte, nicht mehr gültige Vorname „Deadname".[61]

Zur Klarstellung: Im vorliegenden Buch geht es nicht um den geschilderten Einzelfall, sondern um den dadurch geschaffenen

Präzedenzfall. Ein Mann erklärt sich zur Frau und gelangt über die zur Förderung der Frauen eingerichtete Quote in eine Position, die mit einer Frau besetzt werden sollte. Man muss sich nicht in einer rechten Ecke verorten lassen, wenn man diese Vorgehensweise in Frage stellt. Angesichts der Möglichkeit zum Geschlechtswechsel im Jahresrhythmus und einer monatlicher Abgeordnetenentschädigung in Höhe von 10.323,29 Euro (Stand 1. Juli 2022) die Missbrauchsgefahr nicht zu erkennen, hieße einmal mehr, das Offensichtliche zu ignorieren bzw. es mit einem Aussprechverbot in der Öffentlichkeit zu belegen.

Ein Schwerpunkt von Ganserers Arbeit im Bundestage war im Übrigen die Erneuerung des Allgemeinen Gleichbehandlungsgesetzes (AGG), umgangssprachlich auch Antidiskriminierungsgesetz genannt. Das AGG soll „Benachteiligungen aus Gründen der Rasse oder wegen der ethnischen Herkunft, des Geschlechts, der Religion oder Weltanschauung, einer Behinderung, des Alters oder der sexuellen Identität verhindern und beseitigen".

Zur Verwirklichung dieses Ziels haben die durch das Gesetz geschützten Personen Rechtsansprüche gegen Arbeitgeber und Private, wenn diese ihnen gegenüber gegen die gesetzlichen Diskriminierungsverbote verstoßen. Ganserer will queere Menschen und Menschen mit Migrationshintergrund in diese Liste der Antidiskriminierungen aufnehmen.

Transgender im Sport

Nun ist das Geschlecht für die Arbeit eines Bundestagsabgeordneten wie für jede andere Bürotätigkeit im Grunde unerheblich. Anders beim Sport: Die Körper von Männern und Frauen sind sich zwar sehr ähnlich, weisen aber dennoch große Unterschiede auf.

Durchschnittlich sind Frauen schmächtiger und kleiner gebaut als Männer. Das schlägt sich nicht nur in der Körpergröße nieder. Atemwege, das Herz und die Lunge sind bei Männern größer und damit in der Regel leistungsfähiger. Das männliche Herz kann schneller schlagen und transportiert eine größere Menge Sauerstoff in die Zellen. Frauen verfügen zudem über weniger Muskeln und mehr Körperfett.[62] Es wäre also schlichtweg unfair, wenn Männer und Frauen im Leistungssport gegeneinander antreten würden. Und da beginnt die Woke-Frage: Können Männer, die sich als Frauen identifizieren, auch als Frauen im Sport auftreten? Und was ist mit Transgender-Athletinnen?

Der Internationale Schwimmverband World Aquatics hat diese Fragen eindeutig beantwortet: Der Start von Transgender-Athletinnen bei Frauen-Wettkämpfen ist de facto ausgeschlossen, der von Männern sowieso, unabhängig vom eigenen Geschlechtsempfinden. Die seit 2022 geltenden Regeln sehen vor, dass Transgender nur zugelassen wird, sofern die Geschlechtsumwandlung vor dem zwölften Geburtstag abgeschlossen wurde – und das ist äußerst selten der Fall. Der Deutsche

Schwimmverband ist noch unschlüssig, weil „noch zu viele Fragen im wissenschaftlichen und juristischen Bereich sowie zur praktischen Umsetzung unzureichend beantwortet sind, um eine endgültige Stellungnahme abzugeben.“[63]

Das Internationale Olympische Komitee IOC tut sich ebenfalls noch schwer mit Richtlinien für Menschen, die einmal Männer waren und nun in der Frauenkategorie mitmischen wollen. Zwar gibt es ein Rahmenwerk des IOC, das jedoch nicht verbindlich ist, an dem sich die internationalen Sportverbände bei der Gestaltung der eigenen Vorschriften aber orientieren sollen. Der Fokus des IOC liegt dabei laut eigener Erklärung auf Fairness, Inklusion und Nicht-Diskriminierung. Doch bei der Fairness versagt das Komitee.

Trans-Frauen und biologische, also cisgender, Frauen, weisen erhebliche Unterschiede auf. Transgender-Frauen sind im Durchschnitt größer, breiter und stärker als Cis-Frauen, und zwar auch nach einer entsprechenden Hormontherapie. Und das ist in vielen Sportarten ein Vorteil. So ähnlich, wie sich ein Mann, der sich zur Frau erklärt und über die Frauenquote in eine berufliche Position gelangt, unfair handelt, so unfair ist es, wenn Trans-Frauen mit Cisgender-Frauen im sportlichen Wettbewerb stehen.[64]

Eine Vergewaltigerin mit Penis

Doch nicht nur im Sport lässt sich die Geschlechtsumwandlung per Unterschrift clever nutzen, sondern auch in der Justiz und im Strafvollzug.

In Schottland wurde 2022 der Fall eines 31-jährigen Mannes namens Adam Graham öffentlich, der 2016 und 2019 zwei Frauen vergewaltigt hatte. Doch als er wegen Vergewaltigung vor Gericht kam, wurde aus dem männlichen Adam Graham flugs die weibliche Isla Bryson. Schon mit vier Jahren habe er oder sie sich im eigenen Geschlecht unwohl gefühlt, aber erst mit 29 Jahren, nach dem Vergewaltigungsvorwurf, zur Umwandlung entschlossen – allerdings in erster Linie auf dem Papier.[65] Graham/Bryson nutzte dabei eine schottische Reform des Gesetzes zur Geschlechtsumwandlung: Die Veränderung des amtlichen Geschlechtseintrags ist demnach ohne medizinische Diagnose von Geschlechtsdysphorie möglich, eine einfache Erklärung und drei Monate Leben im deklarierten Geschlecht genügen.[66]

So wurde *die* Vergewaltiger*in* geboren, die *ihren* Penis benutzte, um sich an zwei binären Frauen zu vergehen. Als ob das nicht schon absurd genug sei, wurde konsequenterweise nach der Verurteilung die Forderung erhoben, in einem Frauengefängnis untergebracht zu werden. Das konnte mit Sicherheitsbedenken verhindert werden, und „Frau Bryson“ wanderte in den Männerknast.[67] Das Beispiel verdeutlicht auf dramatische Weise, wohin eine ausufernde Wokeness führen kann, wenn man ihr nicht Einhalt gebietet.

Regenbogen: Vom Wetter zur Woke-Welt

Ein Regenbogen ist zu sehen, wenn die Sonne eine Regenwand anstrahlt und die Regentropfen das weiße Licht in die Spektralfarben aufteilen. Die Regenbogenfarben sind von außen nach innen: Rot, Orange, Gelb, Grün, Hellblau, Indigo und Violett.[68] Doch in der Woke-Welt muss dieses Lichtphänomen für etwas ganz anderes herhalten: als Symbol für die Vielfalt der Menschen – soweit völlig unterstützenswert – und als Kampfansage an alles, was weiß ist – in dieser Hinsicht jeden Widerspruch wert. Tatsächlich wird bei dem Wetterphänomen Regenbogen das weiße Licht zerlegt, so dass nichts mehr von ihm übrig bleibt in dem erzeugten Farbspektrum.

Entstanden ist der politische Regenbogen übrigens gar nicht aus der Frage nach der Hautfarbe, sondern als Symbol der Vielfalt von Schwulen und Lesben. In der Originalversion mit acht Farben stand Pink für Sexualität, Rot für das Leben, Orange für das Heilen, Gelb für die Sonne, Grün für die Natur, Türkis für die Kunst, Blau für Harmonie und Lila für die Seele. Doch wer heute von Schwulen und Lesben redet, die Welt also in zwei Geschlechter einteilt, ist längst nicht mehr woke: Heute geht es um LGBTQIA*, einem Akronym aus „lesbian, gay, bisexual, transgender/transsexual, queer/questioning, intersex, und allied/asexual/aromantic/agender“. Angefangen hat dieses Buchstabenungetüm mit LGBT als Kürzel für lesbisch (lesbian), homosexuell (gay), bisexuell (bisexual) und transsexuell (transsexual). Erst allmählich kam in der Woke-Szene der Gedanke auf, dass vier sexuelle Orientierungen nicht ausreichend sind und man begann, beinahe beliebig Buchstaben und Zeichen anzuhängen. Heute gibt es etwa LGBTQ, LGBTQA, LGBTQIA, LGBTQIA+, LGBTQI2+ und viele andere mehr, insgesamt mehr als 40 Varianten, die wir benutzen sollen, um uns korrekt auszudrücken und keine Menschen zu diskriminieren. Wer dabei nicht mitkommt, oder nicht mitkommen will oder diese „Nomenklatur" gar als absurd ablehnt, ist eben ein „alter weißer Mann", wobei das Alter, die Hautfarbe und das Geschlecht bei dieser Zurechtweisung unerheblich sind.

Indes scheinen viele Woke-Aktivisten angesichts der begrifflichen Vielfalt auch nicht immer mitzukommen. Wer dort einmal nachfragt, was FLINT oder FLINTA bedeuten, erntet in der Regel ein Achselzucken. Die Abkürzung steht für F wie Frauen, L wie Lesben, I wie Intersexuelle, N wie Nicht-binäre Personen, T wie Transgender und A wie Agender, also Menschen ohne Geschlecht. Man kann das auch einfacher beschreiben: alle Menschen, die sich nicht als Mann identifizieren, also sozusagen alle Nicht-Männer. Dabei wird unterstellt, dass eben diese – alle Nicht-Männer – im Alltag Diskriminierung und Benachteiligung erfahren. Was dabei übersehen bleibt, ist die Frage nach der Diskriminierung von Frauen, die nicht zusammen mit LINTA in einer Gruppe zusammengefasst werden wollen. Aber wer sich seiner woken Überlegenheit gewiss ist, der übersieht sowieso alles, was nicht ins eigene Weltbild passt.

Antidiskriminierung: Weiße Menschen unerwünscht

Eine so direkte Bevorzugung der Regenbogenfraktion wie an der Humboldt-Universität zu Berlin im Jahr 2021 hat es zuvor selten gegeben.[69] Bei der Ausschreibung einer Stelle an der studentischen Antidiskriminierungsberatung formulierte die Universität wörtlich (vollständiger Wortlaut): „Die Beratungen finden aus parteilicher Perspektive statt. Parteilich bedeutet hier eine Beratung, die sich an den Bedürfnissen der ratsuchenden Person orientiert, um einen Raum zu schaffen, in dem sich Betroffene von rassistischer Diskriminierung wohlfühlen und ihre Erfahrungen teilen können. In der Beratungsarbeit hat sich gezeigt, dass dies am besten gelingt, wenn der_die Berater_in Schwarz oder als Person of Color positioniert ist. Wir bitten daher weiße Menschen, von einer Bewerbung für diese Beratungsstelle abzusehen.“

Ausgeschrieben war die Position vom „Referent_innenrat“ der Universität, einem Gremium der studentischen Selbstverwaltung, das an den meisten anderen deutschen Hochschulen AStA (Allgemeiner Studierendenausschuss) heißt. Der Rat bietet Beratungen an, etwa in rechtlichen Fragen, bei Bafög-Anträgen, bei Konflikten mit Professoren oder für Transsexuelle und Studenten mit Migrationshintergrund.

Laut Allgemeinem Gleichbehandlungsgesetz darf niemand aus Gründen der Rasse oder wegen der ethnischen Herkunft, des Geschlechts, der Religion oder Weltanschauung, einer Behinderung, des Alters oder der sexuellen Identität benachteiligt werden. Auch in der Verfassung der Humboldt-Universität findet sich ein ähnlicher Absatz.

Doch die Universität folgte offenbar einem anderen Gedanken: Nur wer selbst betroffen ist – in diesem Fall von rassistischer Diskriminierung – ist für die Beratung anderer Betroffener geeignet. Das wäre in etwa so, als ob der Berater in einem Jobcenter von Arbeitslosigkeit bedroht zu sein habe oder jedenfalls selbst schon einmal arbeitslos gewesen zu sein hätte, um seine Position bei der Beratung Arbeitsloser anzutreten. Oder so, als ob man von einem Richter erwarten würde, selbst kriminell zu sein, um dafür qualifiziert zu sein, Urteile über (andere) Kriminelle zu sprechen.

Diskriminierender als „weiße Menschen" auszuschließen, kann eine Stellenausschreibung wohl kaum sein. Doch in der woken Identitätslogik können Weiße grundsätzlich nicht wegen ihrer Hautfarbe diskriminiert werden. Die Tatsache, dass die Ausschreibung für die Antidiskriminierungsstelle selbst diskriminierend ist, hat daher für die Woke-Denker keine Bedeutung. „Alles außer weiß" ist in der woken Welt eine Selbstverständlichkeit, keine Diskriminierung.

Erst auf massive Kritik hin formulierte die Berliner Universität ihre Stellenausschreibung um: „In der Beratungsarbeit hat sich gezeigt, dass dies Menschen am besten gelingt, die aus Perspektive der eigenen Betroffenheit von rassistischer Diskriminierung beraten können. Daher möchten wir insbesondere Personen, die rassistische Diskriminierungserfahrungen machen, dazu ermutigen, sich auf die Stelle zu bewerben.“

Woke setzt sich mit „Sicherheitsbedenken“ durch

2022 fiel die Humboldt-Universität erneut in der Woke-Debatte auf. Im Sommer dieses Jahres sagte sie einen geplanten Vortrag der Biologin Marie-Luise Vollbrecht wegen angeblicher Transfeindlichkeit ab und distanzierte sich von ihr. Was war passiert: Vollbrecht vertrat die Auffassung, dass es nur zwei Geschlechter – die biologischen – gäbe. Zudem gehörte sie zu einem Kreis von Autoren eines Presseartikel, der anhand dokumentierter Beispiele einseitige Berichterstattung des öffentlich-rechtlichen Rundfunks zur Trans-Thematik kritisierte. Zur Sache äußerte sich die Universität erst gar nicht, sondern sagte den Vorlesung wegen „Sicherheitsbedenken“ ab, nachdem der „Arbeitskreis kritischer Jurist*innen“ lautstark dagegen protestiert hatte.[70] Ausgerechnet eine Universität, Keimzelle der gedanklichen Auseinandersetzung, verzichtete auf den intellektuellen Austausch, weil woke Krawallmacher als Gefahr für die Sicherheit wahrgenommen wurden.

An anderen Universitäten sind die Debatten ums Gendern nicht weniger heftig, ohne allerdings zu Sicherheitsbedenken zu führen. So schickte die Technische Hochschule Nürnberg 2022 ein Rundschreiben mit einen Leitfaden für den ab sofort gültigen sprachlichen Sprachduktus an rund 15.000 Empfänger – den größten verfügbaren Verteiler.[71] Ab sofort sollte nur noch von Student*innen und Professor*innen gesprochen werden. Die sich anschließende Debatte war wild. Es war von „LEIDfaden“ und von „Bachelorette“-Zeugnissen die Rede. Jede einzelne Reaktion ging wiederum an den gesamten Verteiler, tausende von Postfächern wurden geradezu geflutet. Rasch wies die Hochschulleitung darauf hin, dass der Gender-Leitfaden nur als Empfehlung anzusehen sei. Im Vorwort dazu hatte sie bereits um „Gelassenheit“ gebeten. Aber genau das ist bei diesem Thema, das jeden sprechenden und schreibenden Menschen betrifft, äußert schwierig. Zu groß ist die Angst, dass aus der Freiwilligkeit alsbald ein Genderzwang zu werden droht. Das wäre ein Woke-Sieg auf ganzer Linie. Daher heißt es „Wehret den Anfängen!“ Doch dazu ist es längst zu spät: die Anfangsphase hat diese Diskussion schon lange hinter sich gelassen.

In Hannover zog bereits 1996 eine promovierte Tierärztin vor Gericht, weil sie statt „Doktor“ lieber den Titel „Doctora“ tragen wollte. Das Gericht wies ihre Klage ab, weil die korrekte weibliche Form des lateinischen Wortes „Doctor“ keinesfalls „Doctora“ sondern „Doctrix“ lautet. Diese Bezeichnung lehnte die Tierärztin allerdings ab, weil sie zu sehr an die beiden Comic-Helden Asterix und Obelix erinnert.[72]

Neusprech: Denken manipulieren

Neusprech wird als Bezeichnung für Sprachformen oder sprachliche Mittel gebraucht, die durch Sprachmanipulation bewusst verändert werden, um Tatsachen zu verbergen und Ziele oder Ideologien zu verschleiern.[73]

„Die Sprache ist das bildende Organ des Gedankens", formulierte Wilhelm von Humboldt, der als einer der gelehrtesten Menschen seiner Zeit gilt. Er war fest davon überzeugt, dass die Sprache die Grundlage aller Gedanken ist.[74] Anders ausgedrückt: Wir können nur denken, wofür wir auch Worte haben. Und weil unsere Worte die Basis unseres Handelns und Denken darstellen, üben sie einen kaum zu überschätzenden Einfluss auf unser Leben aus. Deshalb ist äußerste Vorsicht angesagt, wenn die Woke-Jünger versuchen, unsere Sprache zu manipulieren, indem sie uns moralisch motivierte Wort- und Sprechverbote aufoktroyieren.

Sprache entwickelt sich kontinuierlich. Kein Bereich zeigt das deutlicher als die technologische Entwicklung. Wer wollte schon versuchen, für das englische *Smartphone* ein deutsches Wort zu suchen, um nur ein Beispiel zu nennen. Doch gefährlich wird es dann, wenn durch eine politisch motivierte Macht versucht wird, die Sprache der „Menschen auf der Straße" zu manipulieren. Man kennt das aus Staaten mit autoritären Regimen wie China,

Russland oder der ehemaligen Deutschen Demokratischen Republik – der Name, den sich der letztgenannte Staat gegeben hat, stellt im Kontrast mit der damals real existierenden DDR ein beredtes Beispiel dar.

George Orwell: Sprachplanung wie in *1984*

Doch keiner hat die Sprachgefährdung so gut auf den Punkt gebracht wie der englische Schriftsteller und Journalist George Orwell in seinem dystopischem Roman *1984*. In dem Werk wird die sprachpolitisch umgestaltete Sprache „Neusprech" („New Speak") genannt; durch Sprachplanung sollen sprachliche Ausdrucksmöglichkeiten beschränkt und damit die Freiheit des Denkens aufgehoben werden. Wer sich die Sprachdiktionen der Woke-Bewegung anschaut, kann sich des Eindrucks nicht erwehren, dass die Woken der Orwell'sche Horrorvision zur Realität verhelfen wollen.

Menschen, die eine schwarze Hautfarbe aufweisen, sollen nach Woke-Duktus nicht mehr „Schwarze" genannt werden, weil das rassistisch sei. Doch wer auf „Farbige" auszuweichen versucht, wird ebenfalls eines Besseren belehrt: das sei ebenfalls diskriminieren. Besser ist es, meinen die Woken, von „People of Color" (POC) „Black and People of Colour" (BPoC) oder „Black, Indigenous and People of Colour" (BIPoC) zu sprechen.[75] Wie bitte? Wir sollen gar keinen deutschen Ausdruck mehr haben für Menschen, die keine weiße Hautfarbe aufweisen. Schwarze, Asiaten, arabisches Aussehen – alles verboten? In der englischen Sprache gibt es mittlerweile tatsächlich den Ausdruck „non-white“ (nichtweiß) als Synonym für alle Menschen mit einer Herkunft außerhalb Europas. Doch was ist mit den Weißen, die in Amerika leben? Die woke Sprachakrobatik scheint zu versuchen, mit Orwells Sprachpolizei mitzuhalten.

Orwells Neusprech war nicht aus der Luft gegriffen. Durch seine Arbeit in der Propagandaabteilung des englischen Nachrichtensenders BBC war er mit den Begrifflichkeiten der sowjetischen sowie und der damaligen deutschen und japanischen politischen Propaganda vertraut. Viele seiner Beobachtungen der Funktionsweise totalitärer Systeme gingen in seine Konzeption von Neusprech ein, besonders die Funktion der Begriffe, das Denken auszuschalten oder in eine bestimmte Richtung zu lenken. Orwells Entwurf einer entmenschlichten Sprache ist nicht nur auf seine kritische Haltung gegenüber totalitären Regimen seiner Zeit einzuschränken. Wir erleben heutzutage eine vergleichbare Tendenz in den Sprachvorschriften der Woke-Bewegung.

Zur Klarstellung: Sprachmanipulationen sind natürlich keine woke Erfindung. Die Geschichte der Sprachphilosophie geht bekanntlich bis in die Antike zurück. Schon Platon wird die Aussage zugeschrieben: „Die schlimmste Art von Ungerechtigkeit ist die vorgespielte Gerechtigkeit.“[76] Damit ist der Kern der woken Sprachlehre in weiten Teilen gut getroffen.

Neue Begriffe für alte Traditionen und die Leitkultur

Das moderne Neusprech geht weit über das an anderer Stelle in diesem Buch besprochene Gendern hinaus. Es geht zusätzlich darum, traditionelle Begriffe zu ersetzen, wenn diese vermeintlich zur Ausgrenzung von Menschen führen oder an religiöse – in der Regel christliche – Gepflogenheiten anknüpfen.

In diesem Zuge wird der St.-Martins-Umzug durch das Sonne-Mond-und-Sterne-Fest, der Weihnachtsmarkt durch den Wintermarkt, die Adventsbeleuchtung durch die Winterbeleuchtung und Weihnachten durch die Jahresendfeier ersetzt. Die Aufzählung verdeutlicht: Hierbei geht es – in der Woke-Szene muss man wohl sagen ausnahmsweise – nicht um die geschlechtliche Identität, sondern um die nationale Identität. Damit verbunden ist die nicht neue Frage nach einer deutschen Leitkultur – und nach einer europäischen.

So brachte die EU 2021 im Streben nach Political Correctness unter dem Titel #UnionofEquality einen Leitfaden für inklusive Kommunikation heraus. Darin wurden die Mitglieder der Europäischen Kommission aufgefordert, die Begriffe „Weihnachten“, und „Maria und Josef“ nicht mehr in den Mund zu nehmen. Dies könnte andere Kulturen diskriminieren. Statt „Maria und Josef“ sollte besser von „Malika und Julio“ geredet werden.[77]

Insgesamt 32 Seiten dick ist der Gesprächsleitfaden der EU.[78] Niemals solle demnach von Männern oder Frauen gesprochen werden, weil dies vom binären Geschlechtsmodell ausginge. Statt der englischen Abkürzungen „Mr“ („Herr“) bzw. „Ms“ („Frau“) sollte „Mx“ verwendet werden. „Ladies and Gentlemen“ („Meine Damen und Herren“) gilt seitdem in der EU als verpönt, korrekt wäre „Liebe Teilnehmende“.

Die Familie sollte nicht in typischen Haushaltssituationen dargestellt und jedwede Verknüpfung von Familie mit rechtlichen Aspekten vermieden werden. Der Begriff „Citizen“ („Bürger“) ist nicht korrekt, stattdessen sollte besser von „everyone“ („jedermann“) gesprochen werden. Selbst „Europeans“ („Europäer“) ist ein ungewolltes Wort, das durch die Phrase „People living in the EU“ („Menschen, die in der EU leben“) ersetzt werden soll.

Bei der Zusammenstellung von Gesprächsrunden beispielsweise für Konferenzen sowie auf Fotos sollte ein ausgewogener Mischungsverhältnis von Ethnie und Hautfarbe berücksichtigt werden. Auch bei den eigenen Teams wird den EU-Kommissaren angeraten, die Mitarbeitenden politisch korrekt auszusuchen. Von Kompetenz steht in diesem Zusammenhang im EU-Leitfaden nichts geschrieben – bleibt zu hoffen, dass diese dennoch vorausgesetzt wird.

Erziehung beginnt in der Schule

Wer die Sprache und damit das Denken einer Gesellschaft verändern will, beginnt damit am besten in der Schule. Was man von Kindesbeinen an eingebläut bekommt, bleibt ein Leben lang an einem haften. Daher ist es nur konsequent, dass die Stadt

Berlin 2023 angefangen hat, die Schulzeugnisse der lieben Kleinen geschlechtsneutral zu formulieren.[79]

So dürfen die Heranwachsenden in den vorgegebenen Sätzen ihr Personalpronomen und ihren Vornamen selbst frei einsetzen, in den höheren Klassen sogar ihren Nachnamen. Es heißt beispielsweise statt "Sie/Er ist im kommenden Schuljahr Schülerin/Schüler der Jahrgangsstufe _" ab dem Sommer "_ rückt im kommenden Schuljahr auf in die Jahrgangsstufe _". Die Kinder bzw. Jugendlichen können sich also über männlich bzw. weiblich hinaus im Schulzeugnis auch für ein anderes Geschlecht entscheiden. Die Lehrkräfte wurden per Schreiben der Schulleitung angehalten, bei der Anrede auf den Zeugnissen auf die Wünsche der Schüler einzugehen: „Immer dann, wenn der Wunsch besteht, in Bezug auf die geschlechtliche Identität neutral bzw. mit dem Namen angesprochen zu werden, sind geschlechtsbezogene Personalpronomen und Formulierungen zu vermeiden". Das offensichtliche Ziel besteht darin, Kindern (und Lehrern) das binäre Denken in Sachen Geschlecht auszutreiben.

Es ist offensichtlich, dass „*", „_" und „:" im Wortinneren vor allem bei Heranwachsenden zu einer Sprachverwirrung beitragen, die auch anderen sprachlichen Irrungen Vorschub leisten. Dazu gehört das immer häufiger anzutreffende „Deppenapostroph". Genau wie weite Teile der woken Welt stammt es aus dem Englischen und bezeichnet ein Apostroph an einer Stelle, an der keines hingehört. Beispiel: Peters Geburtstag ist richtig, aber Peter's Geburtstag falsch. Wer Sprache im Wandel erleben will, sollte auf die an anderer Stelle in diesem Buch angesprochene Jugendsprache blicken. Aber die Verwirrung um immer neue Zeichensetzungen entweder aus Unkenntnis oder aus falsch verstandener vermeintlicher sprachlicher Gleichbehandlung aller Menschen hat damit nichts zu tun. Wobei: Wer sprachliche Mängel auch nur anzudeuten versucht, leicht in den Ruf eines „alten weißen Mannes" gerät. Korrektheit gilt in Jugendsprache als „almand", oder eben typisch deutsch.

Wahrheitsministerium für „dynamische Geschichte"

Wer 1984 mit wachem Verstand gelesen hat, findet über die Spracherziehung hinausgehend noch eine weitere verblüffende Parallele zur Woke-Welt: die Anpassung der Geschichte an den aktuellen Zeitgeist. George Orwell beschreibt hierzu ein „Wahrheitsministerium", dessen Aufgabe es ist, im Dienste der Propaganda die Geschichte umzuschreiben und dabei die Fakten im gewünschten Sinne zu verändern bzw. zu interpretieren.

Die woke Unkultur der Cancel Culture, die an anderer Stelle in diesem Buch beschrieben wird, entspricht diesem Konzept der „dynamischen Geschichtsumschreibung" offensichtlich in hohem Maße. Man mag sich indes auch an die Formulierung der „alternativen Fakten" des rechtspopulistischen US-Präsidenten Donald Trump erinnert fühlen. Tatsächlich ist das ein gutes Beispiel dafür, wie nah sich Rechts- und Linkspopulisten (nichts anderes ist die Woke-Bewegung) in den gewählten Mittel sind

– auch wenn sich ihre politischen Positionen diametral gegenüberstehen.

Sprachführung auf den Kopf gestellt

Das Sprachdiktat des George Orwell und der woke Sprachduktus weisen einen merklichen Unterschied auf: Bei Orwell erfolgte der Druck von oben, die woke Welle drückt von unten. Es ist nicht mehr der Staat, der die Sprache zu kontrollieren versucht, sondern eine Art selbstberufener Kulturelite, Menschen ohne Ämter und ohne staatliche Organe, aber mit einem feinen Gespür, wie sich Journalisten, Studenten, Firmenleitungen, Organisationen und letztendlich weite Teile der Gesellschaft instrumentalisieren lassen. Die Politik ist nicht der Taktgeber, aber sie wird zum Mitmacher, indem sie „korrekte Werte" und „gendergerechte Sprache" in Gesetzen und Verordnungen übernimmt. Politiker sind auf die Sympathie der Bevölkerung aus; und wenn vor allem über die Medien der Eindruck erweckt wird, hierzu sei ein bestimmter Sprachduktus geeignet, schwenken sie eben auf diesen um. Besonders groß ist die Angst vor einem „Shitstorm", einer Empörungswelle, die in den sozialen Medien beginnt und im Anschluss über die journalistischen Medien an die breite Öffentlichkeit getragen wird. Aus dieser Furcht heraus woken viele Politiker mit. So merkt die Politik gar nicht, dass sie zwar den islamistischen Terror, die Clankriminalität, die staatskritischen Querdenker und das latent militante Reichsbürgertum erfolgreich bekämpft, also die äußeren Feinde, aber gleichzeitig von innen heraus via Woke ausgehöhlt wird.

Hinzu kommt eine beinahe wöchentlich wachsende Tabuzone, also Themen und Menschengruppen, über die man nur in einem bestimmten Duktus sprechen darf, um nicht als „alter weißer Mann“ zu gelten. Umwelt, Klima, Rassismus, Muslime, Frauen, Transsexuelle – wer auf einem dieser Gebiete zu „falschen Worten“ greift, ist dem besagten Shitstorm ausgesetzt.

Darüber hinaus macht das Konzept der „Safe Spaces“ die Runde, Umgebungen, in denen Menschen frei von Diskriminierung sein sollen. Indem diese Schutzräume für einzelne Minderheiten geschaffen werden, gibt unsere Gesellschaft das Ideal auf, dass *alle* Menschen überall vor Diskriminierung geschützt sein sollten.

Es ist das gute Recht einzelner Minderheiten, für sich zu kämpfen – ebenso wie etwa Gewerkschaften, Unternehmerverbände oder Lobbyorganisationen. Aber es wäre staatliche Aufgabe, die unterschiedlichen Interessen abzuwägen, allzu forsche Forderungen zurückzuweisen und Wege für die Allgemeinheit – also die Mehrheit – aufzuzeigen und gangbar zu machen. Bei radikalen Umweltverfechtern gelingt das zumindest im Ansatz, etwa indem die Aktionen des zivilen Ungehorsam der selbsternannten „Letzten Generation“ zumindest teilweise strafrechtlich verfolgt werden. Die staatliche Organe greifen die Problemstellung auf und entwickeln auf demokratischem Boden Lösungswege, etwa durch Gesetze zum Umwelt- und Klimaschutz. Doch bei den Sprachaktivisten, die das Schutzbedürfnis von Minderheiten in den Fokus rücken und daraus ihre moralische Rechtfertigung ableiten, wagt die Politik kaum gegenzusteuern. Man mag es verstehen: Welcher Politiker würde sich schon dem Verdacht aussetzen wollen, ein Rassist, ein Frauenfeind oder ähnlich Schlimmes zu sein? Doch wenn keiner widerspricht, dann wird damit eben stillschweigend die woke Vorgabe akzeptiert, eine nach der anderen. Wenn sich gleichzeitig weite Teile der Journalisten von der woken Welle treiben lassen, dann entsteht der Eindruck, dass die Mehrheit der Bevölkerung ebenso denkt. Doch das ist falsch: Man kann fest auf dem Boden des Grundgesetzes stehen mit dem Grundsatz, alle Menschen gleich zu behandeln, wenn sich eine Ungleichbehandlung nicht durch einen sachlichen Grund rechtfertigen lässt, ohne den woken Sprach- und Denkregeln folgen zu müssen.

Die deutsche Leitkultur

Im April 2017 – mitten in der Migrationsdebatte – führte der damalige Bundesinnenminister Thomas de Maizière zur Frage der deutscher Leitkultur aus: „Einige Dinge sind klar. Sie sind auch unstreitig: Wir achten die Grundrechte und das Grundgesetz. Über allem steht die Wahrung der Menschenwürde. Wir sind ein demokratischer Rechtsstaat. Wir sprechen dieselbe Sprache, unsere Amtssprache ist Deutsch."

Dieser Auffassung dürften die meisten Deutschen als selbstverständlich zustimmen. Wie an anderer Stelle in diesem Buch dargelegt, ist dabei die Toleranz gegenüber Menschen, die erst in späteren Jahren Deutsch lernen und daher Aussprache und Grammatik nicht fehlerfrei beherrschen, groß.

Vom Flug nach „Bordo": Bordeaux oder Porto?

Hand aufs Herz: Welcher Deutsche spricht seine Muttersprache schon perfekt. Es sei an den kuriosen Fall einer Frau aus Sachsen erinnert, die 2016 im Reisebüro einen Flug nach „Bordo" buchen wollte, dabei missverstanden wurde und schließlich im französischen Bordeaux landete statt im portugiesischen Porto, wo sie eigentlich hin wollte.

Der Fall ging vor Gericht und das Reisebüro gewann den Prozess: Die Frau hätte sich hochdeutscher mit hartem „P“ statt weichem „B“ bei der Buchung ausdrücken müssen, befanden die Richter: Wenn ein Kunde im Reisebüro undeutlich spricht, ist er selbst schuld.[80]

Das Beispiel zeigt: Sprachliche Verwechslungen kann es immer geben, selbst dann, wenn es wie in diesem Fall eine sozusagen urdeutsche Sächsin in die Welt hinauszieht. Das ändert nichts daran, dass die deutsche Sprache zweifelsohne eine funktionierende Grundlage für die Verständigung in Deutschland darstellt. Das schließt sich übrigens keinesfalls mit Anglizismen aus: Begriffe wie etwa das Smartphone werden einfach eingedeutscht, also wie ein deutsches Wort verwendet.

Zurück zur deutschen Leitkultur. Die Demokratie, die Achtung der Verfassung und die Menschenwürde gelten nicht nur in Deutschland, sondern in allen westlichen Gesellschaften. Es stellt sich die Frage: Gibt es darüber hinaus so etwas wie eine „Leitkultur für Deutschland“? Lassen wir nochmals Thomas de Maizière antworten:

Manche stoßen sich schon an dem Begriff der „Leitkultur“. Das hat zu tun mit einer Debatte vor vielen Jahren. Man kann das auch anders formulieren. Zum Beispiel so: Über Sprache, Verfassung und Achtung der Grundrechte hinaus gibt es etwas, was uns im Innersten zusammenhält, was uns ausmacht und was uns von anderen unterscheidet. Ich finde den Begriff „Leitkultur“ gut und möchte an ihm festhalten. Denn er hat zwei Wortbestandteile. Zunächst das Wort Kultur. Das zeigt, worum es geht, nämlich nicht um Rechtsregeln, sondern ungeschriebene Regeln unseres Zusammenlebens. Und das Wort „leiten" ist etwas anderes als vorschreiben oder verpflichten. Vielmehr geht es um das, was uns leitet, was uns wichtig ist, was Richtschnur ist. Eine solche Richtschnur des Zusammenlebens in Deutschland, das ist das, was ich unter Leitkultur fasse."[69]

Zehn Thesen für die deutsche Leitkultur

Konkret nannte der damalige Innenminister Thomas de Maizière zehn Thesen zur deutschen Leitkultur, die wohlüberlegt erscheinen:

1. Soziale Gewohnheiten: „Wir legen Wert auf einige soziale Gewohnheiten, nicht weil sie Inhalt, sondern weil sie Ausdruck einer bestimmten Haltung sind: Wir sagen unseren Namen. Wir geben uns zur Begrüßung die Hand. Bei Demonstrationen haben wir ein Vermummungsverbot. ... Wir zeigen unser Gesicht. Wir sind nicht Burka."

2. Allgemeinbildung: „Allgemeinbildung hat einen Wert für sich" und dient nicht nur der Berufsvorbereitung."

3. Leistungsgedanke: „Wir sehen Leistung als etwas an, auf das jeder Einzelne stolz sein kann. ... Leistung und Qualität bringen Wohlstand. ... Der Leistungsgedanke hat unser Land stark gemacht. Durch soziale Sicherungssysteme gibt es auch Unterstützung für Hilfsbedürftige – eine Leistung, auf die Deutschland ebenfalls stolz sein kann."

4. Geschichte: „Wir sind Erben unserer Geschichte mit all ihren Höhen und Tiefen. Wir sind Erben unserer deutschen Geschichte." Diese sei ein Ringen um die Deutsche Einheit in Freiheit und Frieden mit den Nachbarn, aber auch das Bekenntnis zu den tiefsten Tiefen der deutschen Geschichte. „Dazu gehört auch ein besonderes Verhältnis zum Existenzrecht Israels."

5. Kulturnation Deutschland: „Wir sind Kulturnation. Kaum ein Land ist so geprägt von Kultur und Philosophie wie Deutschland. Wir haben unser eigenes Verständnis vom Stellenwert der Kultur in unserer Gesellschaft." So seien Musikeinlagen bei politischen Festakten selbstverständlich, ebenso wie das Erscheinen wichtiger Politiker bei der Eröffnung eines großen Konzerthauses. „Kultur in einem weiten Sinne, unser Blick darauf und das, was wir dafür tun, auch das gehört zu uns."

6. Religion und christliche Prägung: „In unserem Land ist Religion Kitt und nicht Keil der Gesellschaft." Dafür stünden in Deutschland die Kirchen mit ihrem unermüdlichen Einsatz für die Gesellschaft: „Sie stehen für diesen Kitt. ... Kirchliche Feiertage prägen den Rhythmus unserer Jahre. Kirchtürme prägen

unsere Landschaft. Unser Land ist christlich geprägt. Wir leben im religiösen Frieden. Und die Grundlage dafür ist der unbedingte Vorrang des Rechts über alle religiösen Regeln im staatlichen und gesellschaftlichen Zusammenleben."

7. Zivilkultur: „Der Kompromiss ist konstitutiv für die Demokratie und unser Land." Zum Mehrheitsprinzip gehöre der Minderheitenschutz. „Wir stören uns daran, dass da einiges ins Rutschen geraten ist. Für uns sind Respekt und Toleranz wichtig." Gewalt sei weder bei Demonstrationen noch an anderer Stelle gesellschaftlich akzeptiert. „Wir verknüpfen Vorstellungen von Ehre nicht mit Gewalt."

8. Patriotismus: „Wir sind aufgeklärte Patrioten. Ja, wir hatten Probleme mit unserem Patriotismus." Doch die seien vorbei: „Unsere Nationalfahne und unsere Nationalhymne sind selbstverständlicher Teil unseres Patriotismus: Einigkeit und Recht und Freiheit."

9. Europa: „Wir sind Teil des Westens. Die NATO schützt unsere Freiheit. Als Deutsche sind wir immer auch Europäer. Wir sind vielleicht das europäischste Land in Europa – kein Land hat mehr Nachbarn als Deutschland."

10. Kollektives Gedächtnis: „Wir haben ein gemeinsames kollektives Gedächtnis für Orte und Erinnerungen." Das Brandenburger Tor und der 9. November seien Teil solcher kollektiven Erinnerungen, aber auch der Gewinn der Fußballweltmeisterschaften. „Regionale Volksfeste wie Karneval, Marktplätze und

heimatliche Verwurzelung kommen hinzu. Landsmannschaftliche Mentalitäten, die am Klang der Sprache jeder erkennt, gehören zu uns und prägen unser Land."

Menschen, die nach Deutschland kommen und diese Leitkultur ablehnen, „bei denen wird die Integration wohl kaum gelingen", meinte der damalige Bundesinnenminister.

Nun muss man dieser Aufzählung aus dem Jahre 2017 nicht in allen Punkten zustimmen. Die Rolle der Kirche hat seitdem stark gelitten, die Bedeutung der Religion beschränkt sich für viele Deutsche auf Traditionen wie das Weihnachtsfest, ohne im ursprünglichen Sinne des Wortes gläubig zu sein. Doch die Toleranz für die Feste anderer Religionen geht nicht soweit, muslimische oder jüdische Festtage als gesetzliche Feiertage festzuschreiben. Wir mögen das muslimische Fastenbrechen und das Opferfest oder die jüdischen Chanukka, Jom Kippur und Pessach bis hin zum asiatischen Neujahr tolerieren, aber der deutsche Staat macht sie sich nicht zu eigen.

#metoo gegen sexuelle Belästigung

Eine außerordentlich gute und wohl auch notwendige „Bereinigung" westlicher Leitkulturen, darunter mit Sicherheit auch der deutschen, brachte die sogenannte *#metoo*-Debatte. Die 2017 in den sozialen Medien gestartete Initiative – daher das „Hashtag" genannte Zeichen „#" – war ein Aufschrei von Frauen gegen die sexuelle Belästigung durch die Männerwelt. Die Phrase „Me too" (deutsch „ich auch") geht auf die Bürgerrechts- und Menschenrechtsaktivisten Tarana Burke zurück und wurde als Hashtag durch die Schauspielerin Alyssa Milano populär, die betroffene Frauen ermutigte, über den Kurznachrichtendienst Twitter mit Tweets auf das Ausmaß sexueller Belästigung und sexueller Übergriffe aufmerksam zu machen. Der Hashtag wurde millionenfach genutzt und dadurch weltweit eine breite gesellschaftliche Debatte angestoßen.

Ausgangspunkt war der 2017 publik gewordene Weinstein-Skandal. Der Filmproduzent Harvey Weinstein wurde von mehreren Frauen der sexuellen Belästigung, der Nötigung und der Vergewaltigung beschuldigt, unter ihnen eine Freundin Alyssa Milanos, die zudem mit Weinsteins damaliger Ehefrau Georgina Chapman bekannt war.[81] Der Skandal wäre ein eigenes Buch wert, aber im Kern lässt er sich wie folgt zusammenfassen: Es war in Hollywood nicht unüblich, dass sich Männer ihre eigene Machtposition zunutze machen, um sich Frauen sexuell gefügig zu machen. Es bedarf nicht viel Fantasie, um sich klarzumachen, dass dieses Phänomen nicht auf die Filmbranche beschränkt sein dürfte, wenngleich es dort wohl gehäuft auftrat – und nicht nur auf die Männer-Frauen-Rolle beschränkt ist. Der US-Schauspieler Kevin Spacey steht geradezu symbolisch dafür, wie ein einst bekannter Filmkopf im Zuge von #metoo geradezu ausgelöscht wurde. Nachdem Vorwürfe ans Licht kamen, dass Spacey gleich eine ganze Reihe von Männern gegen deren Willen sexuell belästigt habe, kündigte Netflix den Vertrag mit ihm und er verschwand im wahrsten Sinne des Wortes vollständig von der

Bildfläche. Der Ehrlichkeit halber sei hinzugefügt, dass Kevin Spacey bis zum Erscheinen des vorliegenden Buches im Frühjahr 2023 in keinem einzigen Fall von einem Gericht für schuldig befunden wurde. Das zeigt, wie vernichtend der „Löschvorgang" sein kann, wenn jemand zur Unperson erklärt wird – völlig unabhängig davon, wie die unabhängige Gerichtsbarkeit urteilt.

Zur Klarstellung: Jedwede Form sexueller Gewalt ist selbstverständlich abzulehnen, unabhängig vom Grad dieser Gewalt. Die Ausnutzung von Abhängigkeits- oder Machtverhältnissen in diesem Zusammenhang ist besonders verwerflich. Der unübersehbare Machtmissbrauch in der katholischen Kirche Kindern gegenüber ist an Abscheulichkeit kaum zu überbieten. Doch während Hollywood auch dank #metoo in dieser Hinsicht kräftig gereinigt wurde, ist die „Aufklärung" in der Kirche wohl eher durch Vertuschung gekennzeichnet. Dabei muss man sich klarmachen, dass dieses Phänomen keineswegs auf die katholische Kirche beschränkt ist, wie Untersuchungen aus den USA nahelegen. Laut einer glaubwürdigen Studie (John-Jay-Studie) gab es im Zeitraum 1950 bis 2002 in der katholischen Kirche in den USA insgesamt 10.667 Anschuldigungen wegen sexuellen Missbrauchs. Charol Shakeshaft, Autorin einer Studie über sexuellen Missbrauch an staatlichen Schulen, schätzte, dass die Wahrscheinlichkeit, an einer Schule missbraucht zu werden, 100-fach über der Wahrscheinlichkeit des Missbrauchs durch katholische Priester liege.[82]

Die Beispiele verdeutlichen: Es ist noch viel zu tun, um Kinder zu schützen – im kirchlichen Umfeld, in der Schule, im Sport und in Einzelfällen sicherlich auch zu Hause. Doch dabei geht es nicht um sprachliche Petitessen, sondern um handfeste Maßnahmen zur Aufklärung und Aufdeckung, eine ureigene staatliche Aufgabe, vom Jugendamt über polizeiliche Ermittlungen bis hin zur unabhängigen Justiz. Parallel dazu ist es zweifelsohne eine ehrenwerte Aufgabe der Gesellschaft, ein waches Auge auf möglichen Missbrauch zu haben, nicht über Anzeichen hinwegzusehen oder gar dazu zu schweigen, und es den Betroffenen leichter zu machen, sich zu wehren, an die Öffentlichkeit zu gehen und die Täter ihrer gerechten Strafe zuzuführen. Eine „Wachheit“ für Kinder ist stets vorbehaltlos zu begrüßen! Denn Kinder sind die unschuldigsten Menschen, die von einer Gesellschaft abhängig sind, um in Anstand und Würde groß zu werden, um als Erwachsene hoffentlich selbst Verantwortung für diese Gesellschaft und die nachfolgenden Generationen zu übernehmen.

Cancel Culture

Geschichte ist immer unter unterschiedlichen Gesichtspunkten interpretierbar. Was aus dem einen Blickwinkel ein Freiheitskämpfer ist, mag unter einem anderen ein Terrorist sein. Doch die woke Welle kennt nur eine Interpretation: die Begutachtung der Geschichte mit der modernen moralischen Brille, genau gesagt, mit ihrer eigenen Woke-Brille. Alles andere wird „abgekündigt“ – die „Cancel Culture“ lebt.

Was heute als Cancel Culture die Runde macht, weist viele Ähnlichkeiten mit George Orwells Begriff des Vaporisierens in seinem erschreckenden Buch *1984* auf. *Vaporisieren* (abgeleitet vom lateinischen Wortstamm für *verdampfen*) bedeutet, einen Menschen auszulöschen, nicht nur physisch, sondern auch im Bewusstsein seiner Mitmenschen. Alle Aufzeichnungen und Erinnerungen an eine *Unperson* (Orwell) müssen aus dem kollektiven Gedächtnis und dem kommunikativen Gedächtnis ausgelöscht werden. Alle müssen vergessen, dass die Unperson jemals gelebt hat. Orwell wählte damit bewusst eine Analogie zur stalinistischen Praxis, unerwünschte Personen aus Fotos zu retuschieren oder der Großen Sowjetischen Enzyklopädie zu entfernen, welches wiederum eine moderne Variante der bereits in der Antike praktizierten *Damnatio memoriae* darstellt.

Damnatio memoriae: Verdammung des Andenkens

Damnatio memoriae (lateinisch für „Verdammung des Andenkens“) bedeutet die Verfluchung und demonstrative Tilgung des Andenkens an eine Person durch die Nachwelt. Der Begriff bezieht sich vor allem auf Handlungen im Römischen Reich, ist selbst aber eine moderne Neuschöpfung. In der Antike sprach man von der *abolitio nominis.*[83] Die Namen besonders verachteter und verhasster Personen wurden aus allen Annalen getilgt, sämtliche erreichbaren Bildnisse und Inschriften wurden zerstört, und in der Zukunft wurde es tunlichst vermieden, den Verurteilten öffentlich zu erwähnen – wobei die Nennung seines Namens nie unter Strafe stand.

In unserer heutigen Welt heißt diese Vorgehensweise neudeutsch *Cancel Culture.* Der Begriff bezeichnet systematische Bestrebungen zum sozialen Ausschluss von Personen oder Organisationen, denen beleidigende, diskriminierende, rassistische, antisemitische, verschwörungsideologische, frauenfeindliche, bellizistische (kriegsverherrlichende), oder homophobe Aussagen beziehungsweise Handlungen vorgeworfen werden. Mit anderen Worten: Jeder und jedes, der bzw. das sich in der Vergangenheit nicht gemessen an den heutigen Woke-Vorstellungen korrekt geäußert oder verhalten hat, soll „vaporisiert“ werden, um den Orwell’schen Ausdruck zu gebrauchen.

Anders ausgedrückt: In der Cancel Culture soll die Vergangenheit unterdrückt bzw. neu geschrieben werden, so dass sie den gewünschten moralischen Vorstellung der Neuzeit entspricht.

In George Orwells *2084* erklärt die Romanfigur Syme die Arbeit an der neuesten Auflage des Neusprech-Wörterbuchs wie folgt:[84]

Bis 2050 – wahrscheinlich sogar früher – wird alles tatsächliche Wissen von Altsprech verschwunden sein. Die gesamte Literatur der Vergangenheit wird zerstört sein. Chaucer, Shakespeare, Milton, Byron – sie werden nur noch in Neusprechversionen vorhanden sein. Sie werden nicht in etwas anderes verwandelt, sondern sie werden das Gegenteil dessen sein, was sie bisher waren. Sogar die Parteiliteratur wird abgeändert. Sogar die Slogans werden ausgetauscht. Wie kann man noch einen Slogan wie „Freiheit ist Sklaverei" behalten, wenn das Konzept von Freiheit abgeschafft worden ist? Das ganze gedankliche Klima wird ein anderes sein. Genau genommen wird es gar keine Gedanken mehr geben, wie wir sie heute verstehen. Die richtige Gesinnung zu haben, bedeutet, dass man nicht denkt, nicht zu denken braucht. Die richtige Gesinnung ist unbewusst.

Wenn man der Woke-Bewegung freien Lauf ließe, könnte diese Orwell'sche Horrorvision lange vor 2050 zur Realität werden. Der Indianerhäuptling Winnetou ist der Cancel Culture schon zum Opfer gefallen.

Winnetou stirbt zum zweiten Mal

Der Schurke Rollins zielt mit einem Gewehr auf das Bleichgesicht Old Shatterhand. Da wirft sich der Indianerhäuptling Winnetou in die Bahn der Kugel, um seinen Freund zu retten, und wird tödlich getroffen. Einen größeren Beweis der Freundschaft zwischen einem Weißen und einem Indianer als für den anderen zu sterben kann es wohl kaum geben. Als Zeichen dieser Verbundenheit haben die beiden Helden zuvor Blutsbrüderschaft geschlossen, um Seite an Seite für das Gute zu kämpfen. Daher mutet es wie ein Witz der Geschichte an, dass ausgerechnet Karl Mays Winnetou-Romane 2022 von der woken Szene als rassistisch eingestuft und zu Fall gebracht wurden.

Dabei ging es nur um einen auf den ersten Blick harmlosen Film mit dem Titel „Der junge Häuptling Winnetou“ als Adaption eines Musiktheaterstücks. Der Inhalt ist schnell erklärt: „Während sich der zwölfjährige Häuptlingssohn Winnetou selbst bereits als großer Krieger sieht, ist sein Vater Intschu-Tschuna der Meinung, sein Sohn müsse noch viel lernen. Als das Ausbleiben der Büffel das Indianervolk bedroht, ergreift Winnetou die Chance, sich seinem Vater zu beweisen. Zusammen mit dem Waisenjungen Tom begibt er sich auf ein gefährliches Abenteuer, um das Volk der Apachen zu retten.“ Mit diesen Worten beschrieb der FilmFernsehFonds Bayern die Produktion, die er mit der Höchstsumme von 950.000 Euro unterstützt hatte. Die Deutsche Film- und Medienbewertung (FBW) hatte die Winnetou-Fortschreibung als „besonders wertvoll“ eingestuft – allerdings gegen den erbitterten Widerstand einiger Jury-Mitglieder.

Doch der woke Wahnsinnsstreit ging gar nicht um den Film selbst, sondern um zwei Jugendbücher dazu, die der Ravensburger Verlag erst herausgebracht und dann – nach vehementen Protesten – zurückgezogen hatte. Der Verlag ließ verlauten: „Wir haben heute entschieden, die Auslieferung der Titel zu stoppen und sie aus dem Programm zu nehmen. Wir danken Euch für Eure Kritik. Euer Feedback hat uns deutlich gezeigt, dass wir mit den Winnetou-Titeln die Gefühle anderer verletzt haben. Das war nie unsere Absicht und das ist auch nicht mit unseren Ravensburger Werten zu vereinbaren. Wir entschuldigen uns dafür ausdrücklich.“ Vorausgegangen war eine harsche Kritik vor allem in den sozialen Netzen wie beispielsweise „Was soll dieses Buch? Es reproduziert rassistische Stereotype, die ihren Ursprung im Kolonialismus haben“ oder dem Vorwurf einer „Romantisierung von Völkermord“.[85]

Nun ist jedem durchschnittlich gebildeten Deutschen bekannt, dass Karl May kein Historiker war, sondern ein Romanschriftsteller mit viel Fantasie. Es ist unstrittig, dass die Beschreibungen und Handlungen in seinen Büchern alles andere als realistisch sind. Ebenso wie er sich selbst in der mythischen Kunstfigur Old Shatterhand widerspiegelte, erfand er die Kultfigur seines Blutsbruders Winnetou, mit dem er gemeinsam ebenso unrealistische Abenteuer im Wilden Westen bestand. Der Sachse Karl May war bekanntlich gar nicht in Amerika, als er seine Romane schrieb, wie hätte er die dortigen Verhältnisse auch nur annähernd realistisch beschreiben können – zumal das gar nicht seine Absicht war? Das Land der Indianer war für den Durchschnittsdeutschen des Wilhelminischen Kaiserreichs fast so fern wie für heutige Medienkonsumenten die „endlosen Weiten" des Star-Trek-Universums.

Das behinderte jedoch nicht den Erfolg seiner Bücher. Die Gesamtauflage wird auf rund 200 Millionen geschätzt. Es ist diesem geradezu märchenhaften Erfolg zu verdanken, dass die amerikanischen Ureinwohner in Deutschland so verehrt werden wie in kaum einem anderen Land. Winnetou war der Held ganzer Generationen, die seine Bücher gelesen oder die Verfilmungen des Stoffs durch Horst Wendlandt in den 1960er Jahren gesehen hatten. Es waren wohl auch diese Erinnerungen an frühere Zeiten, die eben diese Generationen Sturm laufen ließen gegen das May-Bashing im Jahr 2022.[86]

Es ist unbestreitbar, dass Karl May in seinen Romanen stereotypen Vorstellungen über die Ureinwohner Amerikas breiten Raum gegeben hat. Und natürlich steckt in seinem Werk ein beachtliches Stück „kultureller Aneignung" – May war Sachse, kein Indianer. Wer seine Werke gelesen hat, wird darin allerdings Werte finden, die völlig losgelöst von irgendeinem historischen Hintergrund durchweg höchst lobenswert sind: Freundschaft, Gerechtigkeit, Friedensliebe, Widerstand gegen Unterdrückung, Kampf gegen das Böse. Ihn im Rahmen der Woke-Bewegung als einen rassistischen Bösewicht abzustempeln, wird dem Werk des Schriftstellers daher beileibe nicht gerecht.

Es steht jedem frei, Karl May, seine Bücher, seine Figuren und seine fiktiven Erzählungen zu kritisieren. Aber sie im Sinne einer Cancel Culture abzuschaffen, sie aus dem öffentlichen Raum zu verbannen, May zur persona-non-grata zu erklären, ihn und seine Geschichte aus der Geschichte zu verbannen – das geht zu weit. Muss man wirklich daran erinnern, in welcher Zeit es in Deutschland zu Bücherverbrennungen kam, weil die Werke eben nicht in die damalige Zeit passten? „Da wo man Bücher verbrennt, verbrennt man am Ende auch Menschen" – so lautet der viel zitierte Satz aus Heinrich Heines Tragödie „Almansor".[87]

Schließlich ist Winnetou nicht das einzige literarische Werk im Kreuzfeuer der Woke-Bewegung. Michael Endes Kinderbuchklassiker Jim Knopf gehört beispielsweise ebenso dazu. Der Vorwort: Die Geschichte um einen dunkelhäutigen Jungen reproduziere viele Klischees zum angeblich typischen Wesen und Äußeren von Schwarzen. Dabei besteht unter Literaturwissenschaftlern weitgehend Konsens, dass der Autor in seinem Werk die antirassistische Geschichte von Emanzipation und Freundschaft erzählt, in diesem Aspekt vergleichbar mit Karl May.[88]

Die Mauren und der Mohr

Als Mauren (spanisch *moros*) werden all jene in Nordafrika lebenden Berberstämme verstanden, die vom 7. bis ins 10. Jahrhundert von den Arabern islamisiert wurden und diese bei ihrer Eroberung der Iberischen Halbinsel als kämpfende Truppe unterstützten. Die Herleitung von griechisch *mauros* „dunkel“ bietet sich an, doch es kommt auch die Herkunft aus einer nordafrikanischen Berbersprache in Betracht. Die Mauren waren ihrerseits Namensgeber für das antike Reich Mauretanien und den heutigen Staat Mauretanien. Die Bezeichnung „Mohr“, die in ähnlicher Form erstmals im Althochdeutschen des 8. Jahrhunderts auftaucht, bezeichnete zunächst einen „Bewohner Mauretaniens, Marokkos oder Äthiopiens“, setzte sich später aber auch als Bezeichnung für einen Menschen mit dunkler Hautfarbe durch. Es ist unbestreitbar, dass „Mohr“ eine längst veraltete Bezeichnung ist – aber über die Frage, ob sie deshalb auch diskriminierend sein muss, wird durchaus gestritten.

So verteidigen viele Apotheken, die den „Mohr“ im Namen tragen, ihre Haltung mit dem Hinweis, dass er die Heilkunst der Mauren aus Nordafrika repräsentiert.[89] Bundesweit gibt es rund 90 Mohren-Apotheken. Ebenso heftig wird um die Mohrenstraße in Berlin und den gleichnamigen U-Bahnhof gestritten.

Exemplarisch für das Hin und Her um das vermeintlich „böse M-Wort“ steht das Wappen Coburgs: der legendäre Coburger Mohr als Schutzpatron der Stadt. Dabei handelt es sich um den heiligen Mauritius. Da jedoch niemand weiß, wie der Heilige genau ausgesehen hat, wurde er wegen seines Namens von den Künstlern des Mittelalters als Afrikaner dargestellt.

Dann wurde das Mauritius-Wappen aus rassistischen Gründen abgeschafft – allerdings nicht von der Woke-Welle, sondern 1934 von den Nationalsozialisten. Das dem damaligen Zeitgeist geschuldete Stadtwappen zeigte ein schwarz-gold gefärbtes, längs gespaltenes Schild mit gestürzten Schwert und einem zum Sonnenrad gebogenen Hakenkreuz im Knauf. Nach dem Ende des Zweiten Weltkrieges führte Coburg das Mauritius-Bildnis wieder als Wappen ein. 1974 beschloss der Coburger Stadtrat einstimmig, die mittelalterliche Wappentradition fortzusetzen und unabhängig der Herkunft und des möglichen Aussehens des Heiligen, ihn im Stadtwappen als Afrikaner zu symbolisieren.[90] Doch 2020 kam es in der Sache erneut zum Streit – nicht in Coburg, sondern durch zwei Frauen aus Berlin, die eine Online-Petition zur Änderung des Wappens starteten mit der Begründung: „Das ist eine rassistische Darstellung, die heutzutage so einfach nicht mehr stattfinden kann." Die Coburger Bürgerschaft rief prompt eine Gegenpetition mit dem „Der Coburger Mohr soll bleiben – Rettet den Coburger Stadtpatron im Wappen" ins Leben."[91]

Es passt ins Bild der Wortverbannung, dass die Staatlichen Kunstsammlungen Dresden (SKD) die Titel von mehr als 140 Werken verändert haben, um niemanden zu diskriminieren. Der weltberühmte „Mohr mit der Smaragdstufe" im Grünen Gewölbe heißt nunmehr „**** mit der Smaragdstufe". Der Name eines Bildes des Niederländers Jan Fyt wurde von „Hund, Zwerg und Knabe" zu „Hund, kleinwüchsiger Mann und Junge" geändert.[92]

Was herauskommen kann, wenn ein Schwarzer in Sachen „Mohr“ selbst entscheidet, zeigt der Deutsch-Afrikaner Andrew Onuegbu: Er hat sein Kieler Restaurant „Zum Mohrenkopf“ genannt. Der gebürtige Nigerianer lebt seit 1992 in Deutschland und vertritt die Meinung: „Ich möchte als Schwarzer nicht erklärt bekommen, wann meine Gefühle verletzt werden“.[93]

Bismarck wird unbeliebt

Doch nicht nur die Verfechter der Mauren oder Mohren stehen in der Kritik, sondern auch der erste deutsche Reichskanzler Otto von Bismarck hält einem wachen woken Auge nicht stand. Bismarck sei keinesfalls ein Demokrat gewesen, sondern ein Rassist.[94] In zahlreichen deutschen Städten erinnern Denkmäler an ihn, manch ein Prunksaal ist nach ihm benannt. Historisch lässt sich kaum bestreiten, dass von Bismarck Kolonialpolitik betrieben hat – wie es zu seiner Zeit gang und gäbe war. Zwar hatte er 1881 klar formuliert „Solange ich Reichskanzler bin, treiben wir keine Kolonialpolitik“, sich aber später doch in das Rennen um neue Ländereien eingelassen.[95] 2020 kam es zu einem Farbanschlag auf ein Bismarck-Denkmal in Hamburg-Altona; seitdem wuchert die Diskussion.[96] Schließlich stehen hunderte von Bismarck-Denkmälern beinahe in ganz Deutschland.

Die Bundesregierung tilgte Otto von Bismarck 2022 auf eigene Weise. Das Auswärtige Amt benannte einen Saal um, der den Namen von Bismarck getragen hatte, und zwar in „Saal der Deutschen Einheit“. Noch geschichtsvergessener konnte man wohl kaum vorgehen: In diesem Raum tagte nämlich zu DDR-Zeiten das Politbüro der SED. Man mag sich erinnern: Zur deutschen Einheit kam es erst, nachdem diese Partei und ihr Staat zusammengebrochen waren.[97]

Es wird wohl nicht mehr lange auf sich warten lassen, bis für den Bismarckhering ein neuer Name gefunden werden muss. Schließlich hat von Bismarck die Zubereitungsart des Herings mit einer sauren Marinade aus Essig, Speiseöl, Zwiebeln, Senfkörnern und Lorbeerblättern sehr gemocht. Auch hier könnte der Rückgriff auf die DDR-Geschichte funktionieren: Im deutschen Unrechtsstaat hieß diese bodenständige Fischspezialität schließlich Delikateßhering.

Weg mit dem Domherrenfriedhof

Der rund 100 Jahre alte Domherrenfriedhof am Kölner Dom hat einen neuen Namen erhalten – die „Herren“ in der Mitte wurden gestrichen. Übrig geblieben ist der Domfriedhof.[98] Der Umbenennung zum Trotz liegen bis zum Erscheinen des vorliegenden Buches bislang ausschließlich Herren der Schöpfung auf dem Friedhof – nämlich die Domkapitulare, deren Wurzeln bis ins 12. Jahrhundert zurückreichen.[99]

Doch es sind noch 55 Grabstellen frei. Wer weiß, ob sich die katholische Kirche nicht noch besinnt. Zwar sieht das Kirchenrecht bislang vor, dass nur (männliche) Priester zu Domkapitularen ernannt werden können, aber so ist der Kölner Friedhof wenigstens schon sprachlich vorbereitet, sollte die Kirche ihre Meinung einmal ändern.[100]

Offen bleibt die Frage, ob nicht auch der Name Frauenkirche oder Liebfrauenkirche ersetzt werden sollte, etwa durch F*kirche oder Liebkirche. Besonders bekannt sind in Deutschland die Frauenkirche in Dresden und die in München, doch es gibt letztlich mehrere 100 dieses oder eines ähnlichen Namens. Denken wir nur an Notre-dame-de-Paris, um eine weitere geschlechtsspezifisch benannte Kathedrale hervorzuheben. In allen diesen Fällen steht die jeweilige Kirche unter dem Patrozinium der heiligen Maria; „Unsere Liebe Frau“ ist seit dem Mittelalter einer der Ehrentitel der Mutter Jesu.[101]

Kulturelle Aneignung

Kulturelle Aneignung lautet ein gängiger Vorwurf der Woke-Erwachten an all diejenigen, die Ausdruckformen aus anderen Kulturen als ihrer eigenen übernehmen. Das gilt indes nur dann, wenn die Träger einer „dominanteren Kultur“ Kulturelemente einer „Minderheitskultur“ übernehmen und sie „ohne Genehmigung, Anerkennung oder Entschädigung“ in einen anderen Kontext stellen.[102]

Rassistische Kinder im Indianerkostüm

Konkretes Beispiel: Ein weißes Kind, das im Karneval ein Indianerkostüm trägt, macht sich der kulturellen Aneignung schuldig. Indianer gehören eindeutig einer Minderheit an und das weiße Kind hat sicherlich die Genehmigung dieser Minderheit eingeholt, sich entsprechend zur verkleiden. Wobei die Indianer politisch korrekt ohnehin nicht mehr Indianer heißen, sondern Indigene. Das Beispiel ist weit hergeholt? Keineswegs! Schon 2019 verbot eine Hamburger Kita ihren Kinder aus Gründen der Kultursensibilität als Indianer verkleidet zum Karneval zu gehen. Das Kinderkostüm sei diskriminierend oder sogar rassistisch.

Eine Umfrage unter mehreren anderen Kitas zu diesem Thema lieferte ein erstaunliches Ergebnis: Niemand wollte sich öffentlich äußern. Denn die Angst davor, als Rassist verunglimpft zu werden, weil man Indianerkostüme tragende Kinder als harmlos einstuft, war groß.

Genau das ist der Wirkmechanismus, mit dem die woke Bewegung in vielen Fällen arbeitet: Wer sich ihrer Vorgabe, was wie gesagt oder getan werden darf oder eben nicht, widersetzt, wird als Ewiggestriger, Rassist oder gleich als „Nazi" verunglimpft. So ist es zu begrüßen, dass die Bundeselternvertretung der Kinder in Kindertageseinrichtungen (BEVKi) in Berlin 2019 klarstellte: Ein Kostümverbot würden wir als Verband ablehnen. Wir plädieren dafür, das Thema pädagogisch zu begleiten."[103] Das darf in einer woke durchwirkten Welt durchaus als eine mutige Aussage gelten.

Kölner Karneval unter wokem Beschuss

Nun bietet sich der Karneval als Ziel für woke Angriffe geradezu an. Exemplarisch hierfür steht das Lindner-Hotel in der Kölner Magnusstraße, wo überall kölsche Sprüche hängen und die Etagen liebevoll mit Szenen des Kölner Stadt- und Karnevalslebens versehen. In der Hotelbar „Veedelseck" hat man sich an einen kölschen Evergreen erinnert und einen Schriftzug mit dem Höhner-Song „Blootwoosch, Kölsch un e lecker Mädche" (Lied von 1979) aufgehängt. Bislang rangiert das unter Brauchtum, aber 2023 erhielt der Hotelchef von einer Anwohnerin eine bitterböse E-Mail dazu: „Ich melde mich bei Ihnen, um Sie auf die sexistische Außenwerbung Ihrer Bar ‚Veedelseck' aufmerksam zu machen. Das Zitat des Liedes der Höhner ‚Blootwosch, Kölsch und e lecker Mädche' suggeriert, Männer könnten neben Essen und Trinken bei Ihnen auch Mädchen ‚genießen'. Ganz abgesehen davon, dass Mädchen eine Bezeichnung für minderjährige Frauen ist, empfinde ich das Zitat in seiner Message als nicht zeitgemäß und diskriminierend." Der Satz vermittele der Anwohnerin ein Bild einer Bar, „die für mich als Frau kein sicherer Ort zu sein scheint – egal ob als Gast oder als potenzielle Arbeitskraft. Da ich gerade erst neu in dieses Viertel gezogen bin, werde ich auch mein Umfeld auf die Außenwerbung aufmerksam machen. Ich würde mich freuen, wenn Sie diese Kritik annehmen und Ihre Werbung daraufhin noch einmal überdenken würden. Ich bin mir sicher, es gibt viele kölsche Zitate, die frei von jeglicher Diskriminierung sind und besser zum ‚Veedelseck' passen."

Halten wir fest: Neu dazugekommen, das Umfeld auf unwoke Gegebenheiten untersucht und die (in diesem Fall höflich formulierte) Forderung erhoben, die andere Seite habe sich der eigenen Meinung anzupassen, verbunden mit der Drohung, auch alle anderen vor dem Unwoken zu warnen. Das ist wohl wahres Woke-Sein in einer seiner schlimmsten Form.

Der Hoteldirektor gab indes nicht klein bei, sondern antwortete ebenso höflich und erklärte einer Lokalzeitung gegenüber: „Wir freuen uns immer über Anregungen der Gäste. In diesem Fall gehört das Lied in unseren Augen aber zum kölschen Kulturgut und wir möchten deshalb ungern den Namen ändern. Der Dame habe ich selbstverständlich angeboten, in einem persönlichen Gespräch unsere Beweggründe darzulegen."[104]

Zur Klarstellung: Im Karneval hat die Gleichstellung der Geschlechter zweifelsohne noch erheblichen Nachholbedarf, etwa in den „karnevalistischen Gremien". So ist der traditionelle Elferrat in der Regel von Männern besetzt, während Frauen höchstens als Marketenderinnen zugelassen werden. Das sollte sich alsbald ohne Wenn und Aber ändern.

Das bedeutet aber keineswegs, dem Karneval seinen Brauchtumscharakter zu nehmen, mit traditionellem Liedgut, Kostümen und einem über den konventionellen Umgang hinausgehendem Maß an Enthemmung. Machen wir uns klar: In der sogenannten fünften Jahreszeit duzen sich Menschen und schunkeln Arm in Arm miteinander, die sich in der U-Bahn kaum ansehen, geschweige denn miteinander unterhalten. Diese bewusste und enthemmte Verletzung sonst üblicher Alltagsregeln ist übrigens nicht nur im Karneval zu beobachten, sondern beispielsweise auch auf Musikfestivals und bei Fußballspielen oder beim Münchener Oktoberfest. Die Normen werden bewusst außer Acht gesetzt, um einmal „Dampf abzulassen". Man muss das nicht mögen. Wen dieser wenig zivilisierte Umgang stört, der geht einfach nicht hin – möchte man meinen. Karnevalsmuffel gab es schon immer, und wer sich den 5,7 Millionen Menschen, die 2022 das Oktoberfest besuchten, nicht anschloss, brauchte gewiss keine soziale Ächtung oder sonstige Nachteile zu erfahren. Aber denjenigen, die es mögen und die deshalb mitmachen, das Brauchtum verbieten oder ihnen jedenfalls neue Regeln vorgeben oder ihnen zumindest ein schlechtes Gewissen einreden zu wollen, das ist der woke Ansatz.

Der kollektive Regelverstoß, indem man Normen außer Kraft setzt und Konventionen überschreitet, erfüllt nach Einschätzung von Soziolen übrigens eine wichtige soziale Funktion. Er wirkt wie ein Ventil, um alles zu entladen, das normalerweise gedeckelt wird. Darüber hinaus lässt der kollektive Regelverstoß ein Wir-Gefühl entstehen und vermittelt eine Vorstellung davon, was Gemeinschaft außerhalb der Familie sein kann.[105]

Nochmals zur Klarstellung: Natürlich gilt es, Exzesse wie etwa männliche Übergriffigkeit Frauen gegenüber zu unterbinden bzw. gegebenenfalls zur Anzeige zu bringen. Das gilt ausnahmslos immer, auch im Karneval, beim Fußball oder auf Festivals. Diese Selbstverständlichkeit darf jedoch nicht dazu führen, dass sich Karneval, Fußball und Festivals insgesamt woken Regeln zu unterwerfen haben. Auch Brauchtum braucht Regeln, die es hin und wieder zu aktualisieren gilt – aber nicht nach den Vorgaben geschichtsvergessener Besserwisser.

Speisen als kulturelle Aneignung

Die „Negerküsse“ und die „Zigeunersauce“ sind schon längst durch die „Schokoküsse“ und die „Paprikasauce“ ersetzt worden. Das ist eine gute Maßnahme, weil sie Schimpfworte aus Speisenamen entfernt. Doch wie so oft im woken Wahn bleibt es nicht beim vernünftigen Wandel zur Moderne, sondern es überschlägt sich ins Absurde. So wurden etwa die Bezeichnungen „Curry" und „Pizza Hawai" unter den Verdacht der kulturellen Aneignung gestellt.

Der Ausgangspunkt liegt einmal mehr in den USA. Die kalifornische Food-Bloggerin Chaheti Bansal hatte thematisiert, dass im Westen alles Mögliche „Curry" genannt werde, obwohl in Indien die regionalen Spezialitäten alle 100 Kilometer wechselten. Ihre Schlussfolgerung: Die Bezeichnung „Curry" ist auf die damalige Kolonialherrschaft zurückzuführen: Für die Westler war es bequemer, alle diese aus einheimischer Sicht unterschiedlichen Speisen in einem sprachlichen Topf zu werden. Ergo: Wer „Curry" sagt, lebt noch in der Kolonialzeit, heißt die damaligen Herrschaftsstrukturen gut, macht sich der kulturellen Aneignung schuldig und ist ein Rassist. Seitdem stehen die Bezeichnungen vieler Speisen unter Rassismusverdacht.

Dazu gehört die „Pizza Hawai", ein Teigfladen mit gekochtem Schinken und Ananas darauf. Auch hier das Vorwort: Der Namen sei mit einer Geschichte des Kolonialismus und der Aneignung verbunden, soll uns das beliebte Gericht jedenfalls namentlich ausgeredet werden. Es habe nichts mit hawaiianischer Küche oder Kultur zu tun. Zudem seien die Inseln Hawai'i von den USA kriegerisch annektiert worden. Wer so etwas isst, sollte sich also im Grunde als Kriegsbefürworter fühlen.[106]

Viel besser ist es nach woker Lesart um die „Pizza Margarethe“ mit Tomate, Mozzarella und Basilikum auch nicht bestellt. Sie ist nach der früheren italienischen Königin Margarethe (1851 bis 1926) benannt, die gegen die parlamentarische Demokratie eingestellt war und als Unterstützer des späteren Diktators Benito Mussolini galt. Die woke Schlussfolgerung: Wer „Pizza Margherita“ bestellt, ist ein Faschist.[107]

Der Berliner, das Wiener Schnitzel oder die Frankfurter Würstchen sind bei Drucklegung dieses Buches noch nicht mit einem „woken Fluch“ belegt. Oder halt: Der Berliner wurde bereits im Schaufenster einer Bäckerei mit der Auszeichnung „Berliner*in (m/w/d)“ entdeckt. Das mag für den einen lustig, für den anderen überkorrekt und für den dritten völlig zeitgemäß klingen. Doch in Wahrheit verdeutlicht es nur eines: die Unsicherheit in einem zunehmenden Teil der Bevölkerung, was man wie noch sagen oder schreiben darf.

Nochmals zum Curry: Die in Deutschland beliebte Currywurst zählt spätestens seit 2021 zum alten Eisen, genauer gesagt als Symbol der Esskultur des alten weißen Mannes. Volkswagen, der größte deutsche Automobilhersteller, hat sie nämlich seitdem aus seiner Werkskantine in Wolfsburg verbannt. Die Begründung lag indes nicht im Namen, sondern in dem Beschluss, nur noch fleischlose Gerichte zu servieren. Die Autobauer hatten erkannt, dass Essen zusehends mit Ethik, Moral und Nachhaltigkeit verbunden wird. Und auf allen drei Feldern hatte der Konzern nach dem desaströsen Diesel-Desaster einen erheblichen

Nachholbedarf. Mit dem Verzicht auf Fleisch in der Kantine wollte VW gleichzeitig gegen sein Image als Umweltverpester und Klimazerstörer ankämpfen und dem Vorwurf, man habe die Zukunft verschlafen, indem man das Potenzial der E-Mobilität nicht erkannt habe, angehen. Kantinenmotto: Wir sind die Zukunft, und deswegen gibt es bei uns kein Fleisch mehr. Das war ein Signal, mit dem man nach all den Skandalen endlich wieder zum moralischen Aufbruch in eine woke Welt blasen wollte.

Selbst der ehemalige Bundeskanzler Gerhard Schröder ließ sich zu der Feststellung hinreißen: „Wenn ich noch im Aufsichtsrat von VW säße, hätte es so etwas nicht gegeben."[108]

Wie bigott das Vorgehen war, zeigte sich allein daran, dass in einer anderen Kantine nur wenige Meter entfernt sehr wohl noch Fleisch serviert wurde, inklusive der beliebten Currywurst.[109]

Beim Möbelhaus Ikea ging es 2022 um Pommes Frites. Die Würzburger Filiale verkündete unter der Überschrift „Wir verzichten bewusst auf Pommes": „Eine Portion Pommes Frites verursacht in der Verarbeitung und Zubereitung über viermal so viel CO2 wie eine Portion Salzkartoffeln. Durch eine bewusste Ernährung kann jeder etwas zur Reduzierung der Treibhausgase beitragen."[110] Letzteres ist unbestritten, aber woher sich das schwedische Möbelhaus das Recht herausnimmt, die Kundschaft in Sachen Kulinarik auf den rechten Weg zu bringen, bleibt schleierhaft. Prompt waren im Internet Kommentare zu lesen wie „Ich verzichte bewusst auf Läden, die mich belehren und bevormunden wollen. Ich will als mündiger Kunde behandelt werden und nicht als Erziehungsobjekt.“ In der Tat ist es fragwürdig, wenn ein Möbelhaus mit der Volkserziehung punkten will.

Auf die Frisur achten

Wer glaubt, dass es reicht, wenn die Frisur bei jedem Wetter hält, irrt gewaltig – sie muss auch zum Menschentyp passen, jedenfalls nach wokem Weltbild. Demnach machen sich weiße Menschen, die Dreadlocks (Filzlocken, Strähnen verfilzter Kopfhaare) tragen, der kulturellen Aneignung schuldig. Die Begründung, Dreadlocks seien in den USA ein Widerstandssymbol der Bürgerrechtsbewegung schwarzer Menschen, stellt indes eine starke Verkürzung der Geschichte dar.

Die ersten Darstellungen von Personen mit Dreadlocks finden sich auf Wandbildern rund um König Minos;[111] aus der griechischen Archaik sind Statuen junger Männer mit Dreadlocks überliefert.[112] In Europa waren teilweise verfilzte Frisuren zeitweise populär, etwa am Hof von König Christian IV. von Dänemark und Norwegen (1577–1648). In verschiedenen Religionen hat das Tragen von Dreadlocks einen durch den Glauben bedingten spirituellen Hintergrund. Im vierten Buch Moses heißt es, wenn sich jemand dem Herrn geweiht habe, „soll kein Schermesser über sein Haupt fahren. Bis die Zeit um ist, für die er sich dem Herrn geweiht hat, ist er heilig und soll das Haar auf seinem Haupt frei wachsen lassen.[113] In der islamischen Mystik sind

Dreadlocks verbreitet, so werden auch von Derwischen aller Ethnien und Hautfarben traditionell Dreadlocks getragen.[114] Diese historische Aufzählung ließe sich fortsetzen, will aber keineswegs darüber hinwegtäuschen, dass die moderne Verbreitung von Dreadlocks aus der Rastafari-Bewegung auf der Karibikinsel Jamaika kommen. Als der Äthiopier Ras Tafari Makonnen, der dort von einer Minderheit als wiedergekehrter Messias verehrt wurde und sich zum Kaiser krönen ließ, nach dem Endes des italienisch-äthiopischen Krieges 1936 außer Landes fliehen musste, gelobten seine Anhänger, ihr Haar nicht mehr zu schneiden, bis der Kaiser wieder auf dem Thron säße. Mit dem Erfolg der unter anderem von den Rastafari gepflegten Reggae-Musik fanden die Dreadlocks weltweit ihre Anhängerschaft. Natürlich handelt es sich hierbei um eine verkürzte Darstellung, wie an vielen Stellen in diesem Werk, weil man beinahe zu jedem einzelnen Themenkomplex ein eigenes Kapitel, wenn nicht ein eigenes Buch verfassen könnte. Aber schon dieser kurze historische Abriss lässt deutlich werden, dass die woke Verkürzung der Dreadlock-Story auf die Bürgerrechtsbewegung der Schwarzen in den USA zu kurz greift. Aus dem Haarschnitt eine politische Symbolik abzuleiten, ist – obgleich in der Vergangenheit üblich – einer modernen Gesellschaft unwürdig.

Ist diese Sache nicht im wortwörtlichen Sinne an den Haaren herbeigezogen? Keineswegs, wie ein bundesweiter Aufschrei in den Medien 2022 verdeutlichte. Der Sängerin und Songschreiberin Ronja Maltzahn war von einer Ortsgruppe der Klimaaktivisten Fridays for Future eine kurzfristige Absage für einen geplanten Auftritt erteilt worden, weil sie als weiße Person Dreadlocks auf der Bühne trägt. Die Forderung: Haare ab oder Auftrittsverbot.[115]

Prompt nahmen sich etliche Ethnologen der Sache an. Die Schlussfolgerung lässt sich wie folgt zusammenfassen: Jedermann darf sein Haar verfilzen lassen, aber sie bitte schön nicht „Dreadlocks" nennen. Beim Haarschnitt sei die Freiheit erlaubt, bei der Sprache nicht.[116] Mit vernünftigen Augen betrachtet macht diese „Lösung" allerdings eher sprachlos.

Blackfacing unerwünscht, weiße Übersetzungen auch

Blackface bezeichnet eine Theater- und Unterhaltungsmaskerade, die im 18. und 19. Jahrhunderts in den USA populär war. Dabei malten sich weiße Darsteller das Gesicht dunkel an und spielten einen Schwarzen. Orson Welles schwärzte sich das Gesicht und spielte Othello, Michael Thalheimer ließ seine Darsteller mit dicken roten Lippen und angemalten Gesichtern auf die Bühne treten.[117] Ist das rassistisch? Natürlich, es war schlichtweg eine rassistische Kunstform und sie ist heute nicht mehr zeitgemäß. Damit wäre die Sache abzuhaken – aber die woke Welle gab sich damit längst nicht zufrieden.

2021 sollte in den Niederlanden eine weiße Übersetzerin ein Gedicht der schwarzen Lyrikerin Amanda Gorman übersetzen. Das sorgte für Streit. Amanda Gorman ist seit ihrem Auftritt bei der Amtseinführung von US-Präsident Joe Bidens weltberühmt.

Sie war mit 22 Jahren die jüngste Lyrikerin, die je bei einer Inauguration in den USA sprechen durfte. Die für die Übertragung der Gorman-Gedichte ins Niederländische vorgesehene Übersetzerin Marieke Lucas Rijneveld war ein Jahr zuvor mit dem International Booker Prize ausgezeichnet worden. Sie war also für die Aufgabe qualifiziert – aber sie hatte die falsche Hautfarbe. Das Argument: Eine Weiße könnte die Inhalte einer Schwarzen nicht nachempfinden, weil ihr dazu der Erfahrungshintergrund fehle. Rijneveld gab den Auftrag zurück, der Verlag beauftragte ein Team, um die Angriffsfläche zu verringern.[118]

Doch das Argument dahinter führt in eine Sackgasse. Wenn der Schöpfer des Originals und der Übersetzer über einen gleichen Erfahrungsschatz verfügen müssen, dann hieße das, Frauen dürfen nur Frauen übersetzen, Weiße nur Weiße, Schwarze nur Schwarze, Junge nur Junge, Alte nur Alte, Kommunisten nur Kommunisten, Frauenfeinde nur frauenfeindliche Autoren, um nur einige Beispiele herauszugreifen. Würde man das gleiche Schema auf die Musik anwenden, dürften nur weiße Männer Bach oder Beethoven spielen. In der Literatur wären die Einschränkungen noch stärker spürbar. So wäre darauf zu achten, dass beispielsweise schwarze weibliche Autoren nicht etwa über weiße Männer schreiben.

2016 gewann Sharon Dodua Otoo als erste schwarze Autorin den Ingeborg-Bachmann-Preis. Gratulation, möchte man sagen, aber Moment mal: Ingeborg Bachmann, die als einer der bedeutendsten deutschsprachigen Lyrikerinnen des 20. Jahrhunderts gilt, war Österreicherin, also eine Weiße. Nach woker Lesart wäre es also wohl kaum korrekt, diesen Preis einer Schwarzen zu geben, umgekehrt jedenfalls eher nicht. Das Gedankenspiel verdeutlicht: Woke Übertreibungen führen ins Nirgendwo.

Wenn Sprache Probleme verschleiert

Man mag sich noch erinnern an die Silvesternacht 2015/16 in Köln, als Horden junger Männer überwiegend aus Afrika und dem arabischen Raum massenhaft Frauen angriffen, belästigten, beleidigten und beraubten. Angesichts von zeitweise mehr als 1.000 Belästigern verlor die Polizei einige Stunden lang die Kontrolle. Die Frauen beschrieben später in Interviews, wie sie immer wieder und überall am Körper, vor allem zwischen den Beinen, angefasst worden seien und wie man versucht habe, ihnen die Kleidung auszuziehen, während die Täter gleichzeitig in die Taschen gegriffen hätten. Versuche, in dieser Situation Hilfe von der Polizei zu bekommen, scheiterten.[58]

Rasch gab es damals Kritik am Vorgehen der Polizei – nicht etwa nur, weil sie diese Krawalle nicht zu unterbinden in der Lage war, sondern bei der „Frage nach der Verhältnis- und Rechtmäßigkeit, wenn insgesamt knapp tausend Personen alleine aufgrund ihres Aussehens überprüft“ wurden.[119] Die Polizei habe Menschen allein wegen ihrer dunklen Hautfarbe kontrolliert und damit verbotenes „Racial Profiling“ betrieben, so der Vorwurf.

Eine Diskussion über die Folgen der deutschen Migrationspolitik würde den Rahmen des vorliegenden Buches sprengen. Doch wenn die Polizei nicht mehr in der Lage sein soll, Straftäter anhand ihrer Äußerlichkeiten zu beschreiben, dann gehört dies sehr wohl in ein Werk über Woke hinein. Man darf nicht vergessen: Die Kölner Silvesternacht 2015/16 stellte eine Zäsur für die Bundesrepublik Deutschland dar. Später korrigierte sich die Kölner Polizei übrigens: Bei der Silvesterkontrolle waren kaum Nordafrikaner dabei. Es wurde die Nationalität von 99 Irakern, 94 Syrern, 48 Afghanen und 46 Deutschen, 17 Marokkanern und 13 Algeriern festgestellt.

Sexualaufklärung für Zuwanderer

Etwa zwei Jahre später, am 14. Oktober 2018, wurde eine 18-Jährige in Freiburg von acht Männern, darunter sieben Syrern im Alter von 19 bis 29 Jahren, vergewaltigt. Der mutmaßliche Haupttäter war bei der Polizei schon seit Monaten als Intensivtäter bekannt, es ging um Körperverletzung, Sexualstraftaten und Drogenhandel.

Während die Tat für Entsetzen sorgte, auch weil sie als exemplarisch für eine vermeintlich generelle Entwicklung gesehen wurde, gab die Reaktion der Integrationsbeauftragten der Bundesregierung diese geradezu der Lächerlichkeit preis. Sie forderte als Konsequenz aus Freiburg mehr Sexualaufklärung für Flüchtlinge. Tenor: Deutschland sei selbst schuld, weil es die Flüchtlinge nicht ausreichend deutlich darauf hinweist, dass Vergewaltigung hierzulande verboten ist.[57] Wer die Bilder aus 2015/16 im Kopf hatte oder gar zu den Betroffenen gehörte, musste sich von den Ausführungen der Integrationsbeauftragten der Bundesregierung für „dumm verkauft“ fühlen.

Silvesterkrawalle 2022/23

In der Silvesternacht 2022/23 kam es zu ähnlichen Exzessen wie 2015/16 – dieses Mal war die Gewalt allerdings nicht gegen Frauen gerichtet, sondern gegen die Polizei; und das Ganze spielte sich auch nicht in Köln, sondern in Berlin ab. Brennende Polizeifahrzeuge, demolierte Rettungswagen, Einsatzkräfte, die mit Schreckschusspistolen und Böllern attackiert wurden – vier Tage nach den Krawallen auf den Berliner Straßen hatte die Polizei bereits 355 Straf- und Ordnungswidrigkeitsverfahren eingeleitet, unter anderem wegen Landfriedensbruchs, gefährlicher Körperverletzung und Herbeiführens einer Sprengstoffexplosion, vor allem aber auch wegen Angriffs auf und Widerstands gegen Vollstreckungsbeamte und Rettungskräfte.

Wie schon sieben Jahre zuvor in Köln waren vor allem junge Männer auf den Straßen der Hauptstadt an den Ausschreitungen beteiligt waren. Von den 145 Personen, die vorläufig festgenommen wurden, waren nach polizeilichen Angaben 27 nicht einmal 18 Jahre alt; sechs waren weiblich, alle anderen männlich.[120] Ebenso wie das Alter sticht die Herkunft hervor: Bei 100 der 145 Männer handelte sich um Ausländer, darunter 27 Afghanen und 21 Syrer; insgesamt waren 18 verschiedene Nationalitäten erfasst worden, ließ die Berliner Polizei verlauten.[121]

Wenige Tage später lieferte die Polizei eine erstaunliche Erklärung an die Presse nach: „Nur 38 Festnahmen nach Böller-Attacken – Mehrheit ist deutsch." Die feinsinnige Differenzierung von öffentlicher Seite: Die Zahl 145 beziehe sich auf *alle* Festnahmen in Berlin in der Silvesternacht, jedoch nur 38 davon entfalle auf Angriffe gegen Polizisten und Rettungskräfte.[122] Das mag stimmen, aber der Verdacht liegt nahe, dass die Statistik so lange hin und her gerechnet wurde, bis sie sich politisch korrekt darstellte.

In derselben Nacht warf ein 30-jähriger Tunesier in Heilbronn Silvesterböller in eine Gruppe von Kindern. Bei der polizeilichen Festnahme wurden ein Messer und Reizgas bei ihm gefunden. Der Mann, der zuvor schon in zwei Fällen zur Bewährung verurteilt worden war und bereits 2019 nach Tunesien abgeschoben werden sollte, wurde zu neun Monaten Haft ohne Bewährung verurteilt.[123]

Wer in diesen Beispielen ein Muster zu erkennen glaubt, wer diese Gewaltexzesse mit der Migrationspolitik in Deutschland in Verbindung bringt, steht rasch im Ruf, ein Rassist oder gar noch Schlimmeres, falls es das überhaupt gibt, zu sein.

Man muss nicht so weit gehen wie der 2018 amtierende Innenminister, der die Migration als die „Mutter aller Probleme" in Deutschland bezeichnete. Aber den Mantel des Schweigens über Tätergruppen zu legen, nur weil es nicht als politisch korrekt gilt, sie zu benennen, stellt sicherlich keine Lösung dar.

Dass es dabei nicht etwa um „Ausländer" im Allgemeinen, sondern um ganz spezifische Gruppen geht, zeigt ein Blick auf die Asiaten. Wie oft hat man in Deutschland von Gewalttaten gehört, die *von* Asiaten begangen wurden. Häufiger ist die Gewalt *gegen* Asiaten gerichtet, vor allem nach Corona, weil Chinesen ein Mitverschulden an der Pandemie zugeschrieben wird.[124] Die rasante chinesische Coronawelle seit Anfang 2023 wird dieses Phänomen weiter verstärken.

Mordbube unter dem Sprachschutz des NDR

Ende Januar 2023 stach ein 33 Jahre alter staatenloser Palästinenser in einer Regionalbahn von Kiel nach Hamburg mit einem Messer wahllos auf Reisende ein. Eine 17-jährige Schülerin und ein 19-Jähriger starben vor Ort im Zug, fünf weitere Menschen wurden schwer verletzt, zwei davon lebensgefährlich. Der arabische Messerstecher konnte überwältigt werden; gegen ihn wurde Haftbefehl wegen zweifachen heimtückischen Mordes und vierfachen versuchten Totschlags erlassen.[125] Solche Taten sich furchtbar, aber sie lassen sich eben nicht verhindern – wirklich nicht? Schon kurz nach der Tat wurde klar, dass der Mordbube 2014 als Asylbewerber nach Deutschland gekommen war und für Dutzende von Einträgen in Polizeiakten gesorgt hatte. Ein drogensüchtiger Intensivtäter, der schon wegen Körperverletzung, Sachbeschädigung, Bedrohung und anderer Straftaten angeklagt war, lässt zwangsläufig die Frage aufkommen, warum er nicht längst abgeschoben worden war. Der Umgang mit Kriminalität unter Zuwanderern ist seit vielen Jahren ein wichtiges politisches Thema.

Doch dem öffentlich-rechtlichen Sender NDR Hamburg ist vor allem eines wichtig: diskriminierende Sprache zu vermeiden. Auf die Frage, warum die Herkunft des Täters in der Berichterstattung des Senders verschwiegen wurde, antwortet der NDR: „Die Herkunft des Täters ist für den Bericht nicht relevant und führt zu einer diskriminierenden Verallgemeinerung oder zu Fehlinterpretationen.“ Auf weitere Nachfrage teilt der NDR mit: „Ja, Korrektheit ist uns sehr wichtig. Ebenso, wie unsere Seiten von Rassismus und Fremdenfeindlichkeit zu befreien. Das ist keine Zensur, sondern Erhalt der Demokratie.“

Man kann verstehen, wenn manch einer angesichts dieser geradezu menschenverachtenden Einstellung an den öffentlich-rechtlichen Sendeanstalten in Deutschland verzweifelt. Zwei junge Menschen werden ermordet, aber der NDR hält Fakten bewusst zurück, damit sich die Bevölkerung kein eigenes Bild von der Situation machen kann – denn das könnte anders aussehen als das, welches der NDR für „korrekt“ hält. Die Argumentation ist an Dreistigkeit kaum zu überbieten: Die Herkunft des Täters zu nennen, befeuere Rassismus und Fremdenfeindlichkeit. Das Verschweigen der Herkunft ist demnach ein anti-rassistischer Akt. Erst später, nachdem die Faktenlage von anderer Seite öffentlich wurde, sah sich der NDR gezwungen, nachzuziehen.[126]

Woke, Vegetarier, Veganer

Je nach Untersuchung ernährt sich bis zu 4,4 Prozent der deutschen Bevölkerung vegetarisch, bis zu 3,2 Prozent vegan.[127] Der Ernährungsreport des Bundesministeriums für Ernährung und Landwirtschaft kommt auf 1 Prozent Veganer 2020 und 2 Prozent 2021.[128] Anderen Quellen zufolge sind allein im Jahr 2022 rund 170.000 Veganer in Deutschland hinzukommen. Insgesamt bevorzugen etwa 1,58 Millionen Menschen eine vegane Ernährung.[129]

Dagegen ist nichts einzuwenden, ganz im Gegenteil. Wer sich mit der Monstrosität der Massentierhaltung beschäftigt, wird beinahe von selbst zum Veganer oder jedenfalls zum Vegetarier. Und die verheerenden Auswirkungen der Massentierhaltung auf das Klima lassen sich bei genauerem Hinsehen nicht ernsthaft bestreiten.

Jede Kuh ist für das Klima schädlicher als ein Diesel

An dem Argument, jede Kuh sei für das Klima schädlicher als ein Diesel, ist nämlich etwas dran: Kühe produzieren bei der Verdauung haufenweise Methan. Methangas (CH4) trägt mit 17 Prozent (nach Kohlendioxid, CO2, mit 68 Prozent) zur Erderwärmung bei, wobei Methan diesbezüglich 20 bis 30 Mal schädlicher als CO2 ist. Durch die erhöhte Konzentration in der Atmosphäre nimmt die Gashülle um den Globus ständig zu, so dass immer mehr Sonnenstrahlen zur Erde zurückgestrahlt werden und sich die Erdoberfläche dadurch erwärmt („Treibhauseffekt").

Eine Kuh frisst am Tag rund 50 Kilogramm Grün- und Kraftfutter. Sie schluckt das Gras oder Heu praktisch unzerkaut, die Verdauung beginnt im ersten der vier Kuhmägen, dem sogenannten Pansen. Um die für uns Menschen unverdaulichen Zellwände von Pflanzen zu zerkleinern, tummeln sich im Rindermagen unzählige Mikroben, die die Zellulose in Energie und unter anderem auch Methangas umwandeln. Dieses entweicht beim Wiederkäuen aus dem Maul des Tieres. Wissenschaftler der Universität Hohenheim wollen herausgefunden haben, dass eine Kuh ungefähr 300 Liter Methan am Tag produziert. Das entspricht umgerechnet einer Luftverschmutzung von etwa drei Tonnen CO2 im Jahr.

Damit ist die Kuh im Vergleich zum Auto tatsächlich der größere Klimakiller, je nach Modell, versteht sich. Somit scheint klar: Rinder sind für das Klima genauso schädlich wie Autos. Immerhin stehen rund um den Globus zirka 1,5 Milliarden Kühe auf der Weide; etwa genauso viele Autos befahren die Straßen dieser Welt.

Ähnlich wie sich Fahrzeuge immer umweltfreundlicher konstruieren lassen, kann man vor allem durch die Zusammensetzung des Futters auch bei Kühen den Ausstoß minimieren. Allerdings geschieht in den wärmeren Regionen der Erde genau das

Gegenteil: Die dortigen Futterpflanzen haben einen deutlich geringeren Nährwert als bei kühlerem Klima. Das hat zur Folge, dass die Rinder mehr fressen und infolgedessen auch mehr verdauen müssen.

Wissenschaftler des Senckenberg-Forschungszentrums in Frankfurt sprechen sogar von einem Teufelskreis: Der weltweite Temperaturanstieg führt dazu, dass die Futterpflanzen durch dickere Blätter und Stängel robuster gegen Hitze und Wassermangel werden und dadurch für die Tiere schwerer zu verdauen sind und weniger Nährwert enthalten. Nimmt man den wachsenden Tierbestand hinzu, so prognostizieren die Forscher bis zum Jahr 2050 einen Anstieg des Methanausstoßes um 70 Prozent. Das Methanvolumen des Jahres 2050 entspräche demnach umgerechnet einem Erwärmungspotenzial von 4,7 Gigatonnen Kohlendioxid.

Allerdings relativiert sich die Rolle der Rinder als Klimakiller, wenn man ihren Beitrag zum weltweiten Methanausstoß in Betracht zieht. So werden jährlich rund 500 Tonnen Methan emittiert, von denen 70 Prozent auf den Menschen zurückzuführen sind.

Massentierhaltung ist grausam

Mit diesem Exkurs sollte klargestellt werden, dass nichts gegen eine vegetarische Ernährung einzuwenden ist – auch aus Umweltschutzgründen. Hinzu kommen die Grausamkeiten der

Massentierhaltung. Rund 97 Prozent des in Deutschland verzehrten Fleisches stammt aus der Massentierhaltung. Dementsprechend führen fast alle 114 Millionen Hühner, 27 Millionen Schweine und zwölf Millionen Rinder, die hierzulande Jahr für Jahr gehalten werden, ein kurzes, wenig artgerechtes Dasein. So stehen in riesigen Ställen oft bis zu 5.000 Schweine; jedes Tier hat nur 0,75 Quadratmeter Platz. In modernen Geflügelfarmen geht es ähnlich eng zu: In manchen Hallen leben 40.000 Hühner; auf einem Quadratmeter drängen sich mehr als 20 Tiere. Großbetriebe töten bis zu 2,5 Millionen Tiere pro Woche. Das Fließbandtempo der Schlachthöfe hat sich in den vergangenen 40 Jahren vervierfacht.[130] Wer sich näher mit den Auswüchsen der modernen Tierhaltung beschäftigt, dem vergeht in der Regel der Appetit.

Stopp-Schild für die vegane Woke-Welle

Das Fazit ist also klar: Es gibt gute Gründe dafür, den Fleischkonsum zu reduzieren und sich vegetarisch zu ernähren. Aber es gibt ebenso gute Gründe, der Ideologisierung der veganen Ernährung durch die Woke-Welle ein Stopp-Schild entgegenzusetzen.

Wer sich vegan ernähren möchte – bitte sehr. Jedermann darf selbst bestimmen, was er isst oder trinkt. Dass dabei häufig ein gewisses Maß an Selbstinszenierung zu beobachten ist – warum nicht? Jeder darf sich selbst in Szene setzen, indem man zum Beispiel stundenlang darüber debattieren, ob „vegan“ nun „pflanzenbasiert“ bedeutet, oder ob man auch Pilze und Mineralien im

Begriff berücksichtigen sollte. Schließlich essen Veganer nicht ausschließlich Pflanzen.

Unangenehm wird es erst dann, wenn Woke-Jünger den Rest der Welt dazu bekehren wollen, sich ebenfalls vegan zu ernähren. Dazu verwenden sie vor allem das Schuldgefühl-Verfahren. Wer nicht auf vegan oder zumindest vegetarisch umstellt, ist ein Barbar, weil ihm das Tierwohl egal ist, und zugleich ein Klimaschädling, weil er die Umwelt zerstört. Typischerweise sind dies, so die woke Lesart, alte weiße Männer – oder eben andere, die sich von der Dominanz der alten weißen Männer noch nicht gelöst haben.

Erste vegane Fleischerei eröffnet

Um Missverständnissen entgegenzutreten: Es spricht überhaupt nichts gegen vegetarische oder vegane Ernährung – ganz im Gegenteil –, solange es dem Einzelnen überlassen bleibt, was er essen und trinken möchte. Es ist unübersehbar, dass eine fleischlose Ernährung immer mehr Anhänger findet. Der große Ansturm auf die Eröffnung der ersten veganen Fleischerei in Sachsen Anfang 2023 spricht für sich.[131]

Vier Dresdner wollen beweisen, dass Fleischersatzprodukte in puncto Geschmack und Konsistenz mit ihren fleischigen Konterparts mithalten können. Der Inhaber erklärte dazu: „Wir wollten gerne in einer veganen Fleischerei einkaufen gehen. Doch leider war der nächste Laden in London und nicht hier bei uns in Deutschland.“ Die Abstimmung darüber, ob das Konzept wirtschaftlich aufgeht, übernimmt die Kundschaft – und das ist gut so. Der moralische Appel des Inhabers mag dabei helfen: „Wir sind in unserer Gesellschaft nicht mehr gezwungen, tierische Produkte zu essen, um zu überleben. Wir haben die Wahl. Und wenn wir eine Wahl haben, dann können wir jeden Tag entscheiden, ob für unseren Konsum ein Lebewesen sterben muss oder nicht." Das ist der richtige Ansatz: Jeder kann für sich selbst entscheiden. Drücken wir den findigen Unternehmern die Daumen, dass sich ausreichend viele Konsumenten für sie entscheiden.

Allerdings hatte in Dresden die Lebensmittelüberwachung noch ein Wörtchen mitzureden: Zahlreiche der in der „Fleischerei" verwendeten Begriffe wie Salami oder Fleischsalat wurden als irreführend eingestuft.[132] Es begann das große Umbenennen. Die Sülze wurde zum Gesülze, der Tunfisch zum Unvisch und die Leberwurst zur Groben. Immerhin durfte der Leberkäse seinen Namen behalten, da auch das Originalprodukt weder Leber noch Käse beinhaltet.[133] Ob es zur sprachlichen Klarheit beiträgt, wenn statt von veganer Salami vom Gemüsestick Typ Salami die Rede ist, mag dahingestellt sein.

Warum wir gerne Fleisch essen

Jeder soll essen, was er für richtig hält, aber wer das Fleischessen heute verteufelt, verkennt die historische Bedeutung fleischlicher Nahrung.

Beinahe die ganze Menschheitsgeschichte ist von der Angst vor dem Hunger bestimmt. In Europa gibt es erst seit rund 200 Jahren keine größeren Hungerprobleme mehr – dank der Industrialisierung und Technisierung der Lebensmittelproduktion. Auch aus diesem Grund hat sich die Lebenserwartung verdoppelt. Durch ausreichende Nahrung wird der Mensch widerstandsfähiger gegen Infektionskrankheiten – daran sind bis in das 20. Jahrhundert vornehmlich unterernährte Menschen gestorben. [134] Man darf nicht vergessen: Ausreichend Nahrung ist für das Überleben erheblich wichtiger als gesunde Nahrung. Das Fleisch steht daher historisch gesehen für Überleben und Wohlstand. Wer ausreichend Fleisch zu sich nehmen kann, dem geht es gut.

Das bedeutet natürlich nicht, sich heute noch an überholte Ernährungsformen gebunden fühlen zu müssen. Aber wer die Industrialisierung der Moderne als umwelt- und klimaschädlich ablehnt und gleichzeitig für eine fleischlose Ernährung plädiert, der versucht die Quadratur des Kreises.

Dabei darf man nicht vergessen, dass das Hungerproblem zwar in den westlichen Nationen vom Problem der Übergewichtigkeit abgelöst wurde, aber dass ausreichend Nahrung in weiten Teilen der Welt noch heute keineswegs eine Selbstverständlichkeit darstellt. Und soweit es gelungen ist, den Hunger der Welt zu stillen, ist das in erheblichem Maße der Industrialisierung zu verdanken: das Haber-Bosch-Verfahren steht exemplarisch hierfür.

Ohne Industrie würde die Menschheit hungern

Die von den beiden Deutschen Fritz Haber und Carl Bosch erfundene industrielle Stickstoffdüngung hat bislang rund zwei Milliarden Menschen am Leben erhalten. Das Anfang des 20. Jahrhunderts entwickelte großindustrielle chemische Haber-Bosch-Verfahren gilt bis heute als der einzig sinnvolle Weg, den in der Luft enthaltenen Stickstoff chemisch nutzbar zu machen, nämlich als Düngemittel. Die mit dem Verfahren mögliche Synthese von Ammoniak revolutionierte die Landwirtschaft. Erstmals stand den Landwirten neben natürlichen Düngern wie Jauche, Gülle oder Mist ein im großen Maßstab herstellbarer Kunstdünger zur Verfügung.

Heute wird der größte Teil des produzierten Ammoniaks von mehr als hundertfünfzig Millionen Tonnen weltweit zu Düngemitteln weiterverarbeitet. Ohne die Ammoniaksynthese wäre es nicht möglich, die heutige Weltbevölkerung zu ernähren.

Die woken Thesen von der umweltfreundlichen Ernährung und der Verdammung der Industrie als Klimaschädling können also bei näherem Hinsehen nur in einer Luxuswelt des Überflusses überhaupt zutage treten. Sie werden überwiegend gesponnen von Menschen, die noch nie in ihrem Leben gehungert und auch sonst kaum Einbußen in Sachen Lebensqualität erfahren haben. Das hindert indes die Woke-Szene nicht daran, in den Kampf gegen alles Nicht-Woke zu ziehen, auch in Sachen Ernährung.

Ein Rindvieh sorgt für Entsetzen

Vegetarische Aufregung Anfang 2023: Eine Filiale der Supermarktkette Edeka im brandenburgischen Hennigsdorf hatte ein ausgestopftes Jungrind ausgestellt, um Lust auf die daneben angebotenen Wurstkonserven zu wecken. Doch die Filialleitung hatte die Rechnung ohne die aufgeweckten Woker gemacht.

Eine Welle der Empörung breitete sich über den Kurznachrichtendienst Twitter aus. Ein Nutzer namens „Der Veganer" schrieb: „Und wenn man glaubt, man habe schon alles an Geschmacklosigkeit in Sachen Tierausbeutung gesehen, kommt der #Edeka Henningsdorf und platziert den ausgestopften Körper eines Opfers der Tierausbeutungsindustrie mitten zwischen Leberwurstgläser."

Viele Gleichgesinnte reagierten ähnlich empört, „widerlich", „ekelhaft", mancher forderte einen Boykott von Edeka. Die von einigen Nutzer aufgeworfene Frage, ob es nicht sinnvoll und durchaus im Sinne von Veganern sei, wenn ein Supermarkt zeigt, dass das, was in Wurstkonserven steckt, mal ein Tier wie besagtes Jungrind war, wurden weggefegt.

Edeka zeigte sich zerknirscht und ließ das ausgestopfte Rindvieh rasch wieder entfernen. Das kann man aus betriebswirtschaftlicher Sicht nachvollziehen, weil jede negative Publicity der Marke und dem Geschäft schadet.

Aber man muss sich dennoch fragen, wohin wir kommen, wenn jede Empörungswelle von Veganern, Gendertreuen oder sonstigen überwachen Minderheiten dazu führt, dass der Mainstream, also die Mehrheit, kuscht.

Machen wir uns klar: Es geht nicht darum, Veganer zum Kauf von Wurstwaren zu verführen. Sondern es geht darum, dass Veganer gesellschaftlichen Druck auszuüben versuchen, um alle anderen ebenfalls zur veganen Lebensweise zu nötigen. Das ist ein Unterschied, und zwar ein gewaltiger.

Woke ist ein Lebensgefühl

Woke ist vor allem eines: ein Lebensgefühl. Getreu dem Motto „Sei wach, richte über andere und fühle dich gut dabei.“ Es ist keineswegs so gut greifbar, wie uns die Definition im Duden glauben machen will – wir erinnern uns: „in hohem Maß politisch wach und engagiert gegen (insbesondere rassistische, sexistische, soziale) Diskriminierung“.

Wer im Recht ist, entscheidet sich im woken Weltbild vor allem am Geschlecht, anhand der Ethnie, der Sexualität, des Alters, des Gesundheitszustandes und der politischen Orientierung. Dabei gelten folgende Regeln: Weiblich schlägt männlich, Migrationshintergrund schlägt Bioeinwohner, homosexuell schlägt hetero, jung schlägt alt, gesundheitlich beeinträchtigt sticht kerngesund und links sticht rechts. Ergo: der alte weiße „ganz normale“ mehr oder minder gesunde eher konservative Mann ist per se immer im Unrecht. Wer sich dagegen wehrt, gilt als „Nazi“.

Der absurde „Wettbewerb“ um die korrekte Sprache wird bei intersektionalen Diskriminierungen besonders deutlich; denken wir an die „lesbische schwarze Behinderte“ aus dem Lied der Band „Die Toten Hosen“. Wie wäre beispielsweise ein „schwuler Schwarzer“ im Vergleich mit einer „lesbischen weißen Behinderten“ aufzuwiegen? Wer schon die Fragestellung für merkwürdig hält, dem erschließt sich der Wahn der woken Identitätspolitik.

Der Schwarze mag ein bekannter Sänger sein und sich deshalb als Musiker identifizieren, die Weiße eine erfolgreiche Autorin, die sich als Schriftstellerin versteht. Die in beiden Fällen von der Woke-Bewegung aufgedrückten Identitätsmerkmale Sexualität, Geschlecht, Hautfarbe und sonstigen körperlichen Merkmal sind völlig belanglos, wenn die Stimme bzw. der Schriftstil zählen.

Autos und Fliegen sind out, Kleben und Gendern in

Was heißt das in der Realität? Wer Auto fährt, ist ein Klimakiller und sicherlich nicht woke, schon gar nicht, wenn der Wagen mit einem Diesel- oder Benzinmotor ausgerüstet ist. Wer ein Flugzeug besteigt, sollte sich schämen – mit „Flugscham“ ist 2017 sogar ein eigenes Wort dafür entstanden. Schließlich sind Flugzeuge ebenso schädlich für unser Klima. Wer sich hingegen den Klimaprotesten anschließt – etwa bei Fridays for Future oder als „Klimakleber“ – darf sich schon eher woke nennen. Amazon zu boykottieren ist auch ein anerkannt wokes Verhalten. Wer sich mindestens vegetarisch, besser noch vegan, ernährt darf ebenfalls auf Gnade aus der woken Ecke hoffen. Und natürlich gendern, überall, lückenlos – egal, ob richtig oder falsch. Wer „Bürgersteig“ sagt, hat schon verloren, denn es heißt natürlich „Bürger:insteig“, wobei der Doppelpunkt wahlweise durch ein Sternchen oder einen Unterstrich ersetzt werden kann. „Bürger- und Bürgerinnensteig“ wäre hingegen gleich zweifach falsch: erstens ginge es vom binären Geschlecht aus, was per se alle Transsexuellen und sonstigen mehr als 70 Geschlechter diskriminiert, und zweitens könnte man es als Verballhornung der Gendersprache auffassen. Und gegen eines können die Woke-Jünger geradezu Hassgefühle entwickeln – wenn sie nicht ernst genommen werden.

Die Rettung der Menschheit – denn in dieser heroischen Rolle sehen sich die wahren Woken – ist eine ernsthafte Sache. Sie darf nicht hinterfragt, geschweige denn verspottet werden. Wer für das Klima und die Gerechtigkeit kämpft, der wähnt sich unter allen Umständen im recht, selbst dann, wenn eklatant gegen Recht und Ordnung verstoßen wird. Superman und Superwoman halten sich schließlich auch nicht kleinlich an die Buchstaben des Gesetzes, sondern kämpfen in niemals hinterfragter Selbstgerechtigkeit für das Gute und gegen das Böse. In dieser Denkweise – man selbst steht auf der guten Seite und hat eine Art Naturrecht, das Böse zu vernichten – kommen die Woke-Anhänger indes dem Gedankengut der Populisten bemerkenswert nahe.

Damit sind wir beim politischen Kern der Sache: Woke ist in erster Linie die linke Antwort auf den Rechtspopulismus. Beide Seiten vertreten eine mehr oder minder totalitäre Weltanschauung. Sie sehen sich von Feinden umzingelt – bei den Linken sind es die „alten weißen Männer", bei den Rechten vor allem „muslimische Migranten" –, gegen die jedes Mittel erlaubt zu sein scheint.

Wenn man sich diese politische Polarisierung vergegenwärtigt, wird klar, warum Woke eine ähnliche Spaltung unserer Gesellschaft hervorruft wie einige Jahre zuvor die Rechtspopulisten, verkörpert von der unsäglichen US-Leitfigur Donald Trump und in Deutschland umgesetzt mit der nicht minder unerträglichen Man-wird-doch-noch-sagen-dürfen-Rhetorik der AfD. Man mag sich erinnern: Populär geworden ist die AfD hierzulande vor allem durch die Medien, die den Rechtspopulisten über lange Zeit hinweg eine öffentliche Plattform gegeben haben, um sie vorzuführen. Eine ähnliche Hebelwirkung durch die Medien ist bei der Woke-Welle zu beobachten.

Indem Leitmedien wie ARD und ZDF gendern, versuchten sie den Eindruck zu vermitteln, das sei „heute üblich". Und genau wie bei den Rechtspopulisten ständig die Rede davon war, dass sie von einem erheblichen Teil der Bevölkerung „am Stammtisch" unterstützt würden, zeitigt auch das woke Gendern Wirkung „beim Volk" – und nicht nur dort. Allein aus Angst vor einer vermeintlichen Bloßstellung in den (sozialen Medien) ist bei immer mehr Unternehmen zu beobachten, dass sie alles daran setzen, sich politisch korrekt in der Öffentlichkeit zu gerieren. Die Umbenennung der „Afrika"-Kekse von Bahlsen 2021 in „Perpetum" steht exemplarisch für das Kuschen vor der woken Welle. Die Argumentation des Herstellers, der Name beziehe sich auf den Rohstoff Kakao, der aus Afrika stammt, fiel unter dem gefühlten medialen Druck zusammen. Frecherweise nutzte Bahlsen übrigens die Umbenennung für eine deftige Preiserhöhung: Die Perpetum-Waffeln brachten nur noch 97 Gramm auf die Waage, während Afrika zuvor 130 Gramm wog.[135]

Durch den geschilderten medialen Druck wird die Spaltung – erst von rechts, dann von links – unserer Gesellschaft immer weiter vorangetrieben. Doch Umfragen zeigen, dass diese Spaltung tatsächlich in erster Linie in den Medien stattfindet, vor allem in den sozialen Medien. In Wahrheit sind die Deutschen viel vernünftiger und sind sich einiger, als es uns die Kommunikation im öffentlichen Raum ständig glauben machen will.

Die Deutschen sind sich einig und sehr liberal

Eine Studie des Instituts für Sozialwissenschaften an der Berliner Humboldt-Universität (HU) im Jahr 2022, für die 2.530 telefonische Einzelinterviews und zahlreiche Gruppengespräche geführt wurde, brachte Erstaunliches zutage: Die Deutschen sind sich in den meisten großen Fragen weitgehend einig und es hat sich eine beinahe durchgehende Liberalisierung und wachsende Toleranz in der Gesellschaft ausgebreitet.[136] Das sind erfreuliche Ergebnisse, umso mehr, als häufig in den Medien und vor allem in den sozialen Medien der Eindruck einer immer tieferen Spaltung der Gesellschaft erweckt wird. Gut, wenn das Gegenteil zutrifft.

Die Studie hat allerdings auch zutage gefördert, dass die Menschen aufmerksam reagieren, wenn Vorteile für einzelne Gruppen geschaffen werden. Die Toleranz stößt nachvollziehbar an ihre Grenzen, wenn dadurch die Gleichheitsvorstellungen verletzt werden. Beispiel: Einer Schwimmzeit in öffentlichen Bädern speziell für Transmenschen stehen Männer wie Frauen ablehnend gegenüber. Es ist nicht einsichtig, warum in den restlos überfüllten Frei- und Hallenbädern Menschen, die sich sexuell anders definieren als die Mehrheit, in den Genuss eines beinahe leeren Bades kommen sollen. Derartige Sonderrechte für Minderheiten rufen beinahe durch die Bank weg empörte Ablehnung hervor. Das heißt aber nicht, wie die Woke-Jünger gerne zu suggerieren versuchen, dass die Mehrheit der Sache nach intolerant ist. Vielmehr vertreten laut Studie fast 84 Prozent der Deutschen die Meinung, dass „Personen mit geändertem Geschlecht als normal anerkannt“ werden sollten. Das ist eine satte Mehrheit für die Toleranz. Die Empörung setzt nur dann ein, wenn sich einzelne Gruppen Sonderrechte herauszunehmen versuchen.

Bei den Identitätsfragen und den damit verbundenen woken Sprachvorstellungen ist die Empörung mehrheitlich groß – wiederum, weil die Mehrheit die Auswirkungen auf das eigene Leben nicht widerstandlos hinnehmen will. Viele befürchten nämlich laut Studie, dass den Anfängen mit Gendersternchen oder geschlechtsneutralem Plural später weitere noch viel gravierende Veränderungen folgen werden. Dahinter verbirgt sich die nachvollziehbare Angst, dass man das in der Kindheit erlernte Deutsch irgendwann in der Zukunft gar nicht mehr sprechen darf.

Fazit: Die Mehrheit der Deutschen ist liberal und tolerant, soweit es andere Menschen betrifft. Aber Änderungen, die ihnen aufgezwungen werden, oder Sonderrechte für woke Minderheiten lehnt die Mehrheit ebenso konsequent ab. Doch das hindert neue woke Trends in erster Linie aus den USA nicht, hierzulande Fuß zu fassen, etwa im Beruf.

Wokeness im Job

Wer woke ist, der erhebt die damit verbundenen Ansprüche an seine Umgebung auch im beruflichen Umfeld. Der ältere weiße Kollege mit seinen konservativen Ansichten hat per se verloren, Kritik wird als übergriffig empfunden, der Umgangston als herrisch. Die Meinungen der Kunden sind eine Zumutung, ebenso wie der mit Dieseln zugestellte Firmenparkplatz. Und solange in der Firmenkantine noch Fleisch angeboten und zu Mittag auch noch am Nachbartisch verzehrt wird, ist das ganze Unternehmen ohnehin unerträglich.

Eine satirische Übertreibung, möchte man annehmen. Doch tatsächlich machen sich vor allem in den USA immer mehr junge Frauen selbstständig, um dem Büromuff zu entkommen. Die zunehmende Digitalisierung verbunden mit Home Office befördert diese Entwicklung. Das Arbeiten an mehreren Projekten in unterschiedlichen Teams liegt ohnehin im Trend. Dagegen ist nichts einzuwenden. Wer sich vom täglichen Hin- und Zurückfahren zum bzw. vom Arbeitsplatz befreien kann, wer seinen Beruf nach eigenem Gutdünkel zu gestalten vermag – herzlichen Glückwunsch! In den USA ist diese Entwicklung schon wahrzunehmen, in Deutschland bahnt sie sich ebenfalls ihren Weg.

Angesichts des zunehmenden Fachkräftemangels müssen sich die Arbeitgeber auf diese veränderte Situation einstellen. Das bedeutet auch: Wer jüngere Menschen in einem herkömmlichen Angestelltenverhältnis für sich gewinnen will, muss zumindest ein gewisses Maß an Wokeness aufweisen. Doch die wahren Woken werden auch damit nicht zu gewinnen sein. Das verringert zwangsläufig die Diversität in den Firmen. Das ist schade, denn gemischte Teams sind ein wichtiger Schlüsselfaktor für unternehmerischen Erfolg. Nicht woke zu sein bedeutet nämlich nicht, sich gegen Vielfalt zu stellen, wie gelegentlich fälschlicherweise unterstellt wird. Es heißt vielmehr, andere Menschen in ihrer Individualität zu akzeptieren statt den eigenen moralischen Maßstab an sie anzulegen. Es genügt, wenn die Kantine ein ordentliches veganes Angebot bereithält, ohne darauf zu bestehen, dass sie nicht-vegane Speisen abschafft, um es an einem Beispiel festzumachen.

Wer seinen Arbeitgeber vor lauter Wokeness verlässt, vollzieht diesen Schritt übrigens in der Regel tatsächlich laut, nämlich lautstark in den sozialen Netzwerk. Die Aussteiger feiern sich selbst als Befreite, die dem Hamsterrad entkommen sind, um sich nun in woker Freiheit selbst zu verwirklichen. Der Applaus ihrer Follower im Netz ist ihnen sicher. Der Arbeitgeber wird hingegen in immer mehr Fällen erst gar nicht informiert. Die Kündigung ohne Ankündigung, ein Phänomen aus Liebesbeziehungen, hat sich ins Berufsleben geschlichen. Man ist „dann mal weg“ und schlichtweg nicht mehr erreichbar.

Um keine Missverständnisse aufkommen zu lassen: Ein Schritt in die berufliche Selbstständigkeit ist mutig und bewundernswert! Doch die damit häufig verbundene Einkapselung in eine immer wokere Blase ist gefährlich. Wer nur noch Menschen um sich duldet, die dieselben Meinungen vertreten wie man selbst, engt sich selbst in bedenklichem Maße intellektuell ein - und geht der Gesellschaft verloren. Eine pluralistische Gesellschaft braucht Menschen mit unterschiedlichen Ansichten, sie lebt vom Aufeinanderprallen auseinandergehender Meinungen, vom Ringen um den aus der jeweiligen Sicht besseren Weg. Das macht Politik aus, das stellt den Kern der Demokratie dar und das ist auch für eine zukunftsorientierte Wirtschaft unabdingbar. Wenn sich Menschen aus dieser Diversität zurückziehen, um nur noch in ihrem eigenen woken Kosmos zu leben, mag das ihrem Harmoniebedürfnis entgegenkommen, aber es schadet der Allgemeinheit.

Woke Wirtschaft

Wie an anderer Stelle in diesem Buch ausgeführt, sind viele Unternehmen unter dem Druck der öffentlichen Meinung auf den Woke-Zug aufgesprungen.

Exemplarisch dafür steht die Umbenennung der einstigen Zigeunersauce in eine neue „Paprikasauce ungarische Art". 2013 forderte ein Verein Forum für Sinti und Roma durch anwaltliche Schreiben mehrere Hersteller der Sauce zur Umbenennung. Der Zentralrat Deutscher Sinti und Roma schloss sich dieser Forderung ausdrücklich *nicht* an. Führende Hersteller lehnten zunächst eine Umbenennung ab.[137] 2020 war es soweit: Der Lebensmittelhersteller Knorr schwenkte um auf „Paprikasauce ungarische Art". Der Mutterkonzern Unilever erklärt den Schritt damit, dass die bisherige Bezeichnung im Rahmen der Rassismusdebatte negativ interpretiert werden könne. Andere Hersteller und Handelsketten folgten.[138] Heute ist die Zigeunersauce nur noch Geschichte. Bemerkenswert: Die Sinti Allianz Deutschland lehnte die Umbenennung der Sauce ab mit dem Hinweis, dass der Begriff Zigeuner von den Sinti oft selbst verwendet werde.[139] Dem Geschäft mit der Sauce hat die Umbenennung nicht geschadet, dem Geschmack – in der internationalen Küche „à la zingara" genannt – ebenso wenig, und die Betroffenen werden damit leben müssen, dass sie allmählich bei der Allgemeinheit in Vergessenheit geraten.

Es gibt viele ähnliche Beispiele. Aus „Uncle Ben's Reis" wurde „Ben's Original", der „Sarotti-Mohr" mutierte zum „Sarotti-Magier", der Mohrenkopf oder Negerkuss haben sich schon lange in einen Schaumkuss verwandelt.[140] In der Lebensmittelbranche hat die Anpassung an die politische Korrektheit, abgesehen von einige wenigen Aufschreien zwischendurch, reibungslos funktioniert.

Der Schuh einer Süßigkeit kann polarisieren

Doch besonders arg wurde den M&M-Figuren zugesetzt. Seit 1956 sprangen die runden Schokolinsen mit Ärmchen und Beinchen durch die Werbung. Über Jahrzehnte hinweg waren sie geschlechtslos, doch um das Jahr 2000 herum bekamen sie frauentypische Merkmale: Wimpern, Kussmund und hohe Schuhe. 2022 wurden die High Heels durch Turnschuhe ersetzt, um ein zeitgemäßeres Frauenbild zu vermitteln. Dagegen regte sich indes Widerstand und am Ende sah sich der Hersteller Mars Wrigley durch öffentlichen Druck gezwungen, die beiden Werbefiguren vollständig vom Markt zu nehmen. Das Unternehmen ließ verlaufen, dass man verstanden habe, dass sogar der Schuh einer Süßigkeit polarisieren könne.[141]

Wie schief der Aufsprung auf den Woke-Zug gehen kann, wurde auch am Beispiel der Modemarke Victoria's Secret deutlich. Vom Erwachen erfasst, schwenkte das Unternehmen schon vor Jahren auf die woke Welle ein. Die prestige- und geschäftsträchtigen „Angels"-Fashionshows – ein von 1995 bis 2018 im US-Fernsehen ausgestrahltes Spektakel – wurden eingestellt, weil durch Fitness und Diät modellierte und mit Bronze eingesprühte Frauenkörper, die sich „Angels" nennen und nur mit Spitzenwäsche und Engelsflügeln über einen Laufsteg schreiten, nicht mehr zeitgemäß erschienen.[142] Der alte weiße Chef, der diese „Show der Männerfantasien" erfunden hatte, wurde abgesetzt und durch das „Victorias Secret Collective" ersetzt, sieben Frauen, die allesamt das Wort „Aktivistin" im Lebenslauf aufzuweisen hatten. Die Strategie „female empowerment" wurde ins Leben gerufen: „Wir müssen aufhören, uns darum zu kümmern, was Männer wollen, und uns darum kümmern, was Frauen wollen." Die Aufgabe: „sexy" inklusiver und diverser und eben zeitgemäßer zu vermarkten. Dazu wurden die „Angels“ durch Transgender-Modelle ersetzt und neue Werbekampagnen aus der Taufe gehoben, die klarmachen sollten: „Das Geheimnis von Viktoria ist aufgewacht“. Experten nennen ein solches Vorgehen „performativen Aktionismus“, „Corporate Allyship“ oder schlichtweg „Wokewashing“. Das bedeutet, so zu tun, als ob eine Sache unterstützt wird, aber in Wahrheit nur die generierte Aufmerksamkeit für sich selbst nutzen will. Indes: Die Kundschaft nahm den Wandel nicht an und die Ware nicht ab. Angesichts des Umsatzschwunds musste die für den woken Wandel zuständige CEO Amy Hauk Anfang 2023 den Hut nehmen, die Presse titelte schadenfroh „go woke go broke“.[143]

Es war ein Lehrbeispiel, wie sich ein Unternehmen mit übertriebener Wokeness selbst aus dem Markt nehmen kann. Bei „sexy Wäsche“, wofür Victoria’s Secret nun einmal steht, steht das „uralte Spiel um Männlichkeit und Weiblichkeit“ offenbar auch heute noch im Mittelpunkt, während die anderen 70 Geschlechter nur Randerscheinungen darstellen. Und mit Randgruppen lässt sich nun einmal auf Dauer kein Massengeschäft aufrechterhalten. Zur Klarstellung. Zum wirtschaftlichen Trudeln der Modemarke trugen sicherlich noch andere Umstände bei, wobei ganz vorne die Pandemiejahre zu nennen sind.[144] Aber „Wokewashing“, der im Grunde verzweifelte Versuch, die bisherigen Firmenwerte auszulöschen und sich der Woke-Szene anzubiedern, funktioniert in der Regel auch nicht.

Das sollten Unternehmensleitungen im Hinterkopf behalten, wenn sie ihre Firmenstrategie um woke Elemente zu bereichern versuchen. Indes gibt es zwischen „Anbiederung“ und „mit der Zeit gehen“ viele gute Beispiele für letzteres in der Firmenwelt, etwa das Pride-Branding von Absolut Wodka oder die „Du bist die Antwort“-Kampagne von Always. Der Wodkahersteller greift Tabuthemen wie „Sex und Alkohol“ [145] auf, Always bestärkt Frauen jeden Alters darin, in biologisch bedingten weiblichen Themen ihre eigenen Antworten zu finden.[146] Fazit: Eine permanente Business Transformation von der Digitalisierung über die Berücksichtigung neuer Kundenwünsche bis hin zu zeitgemäßer Sprache und Darstellung ist unerlässlich für langfristigen unternehmerischen Erfolg – eine woke 180-Grad-Drehung eher nicht.

Gleiches Geld für gleiche Arbeit

Wie wichtig konkrete Taten statt bloßer Worthülsen sind, zeigt der sogenannte Gender Pay Gap, also wenn Frauen für die gleiche Arbeit weniger Geld bekommen als Männer. Unternehmen, die modern sein wollen, schaffen das geschlechtsspezifische Lohngefälle ab oder haben das schon längst getan.[147] Dabei geht es nicht um ein „irgendwie geartetes Lebensgefühl“, sondern um die Beseitigung einer Ungerechtigkeit.

Im Vordergrund sollte dabei nicht der unbereinigte Gender Pay Gap – die Differenz zwischen den durchschnittlichen Bruttoverdiensten von Frauen und Männern – stehen, sondern der bereinigte, also Lohndifferenzen bei vergleichbarer beruflicher Qualifikation. Der unbereinigte Gap lag 2022 in Deutschland bei 18 Prozent. Das mag zu einem Aufschrei führen, aber natürlich stecken dahinter tatsächliche Unterschiede: Frauen sind häufiger in Teilzeit beschäftigt und üben andere berufliche Tätigkeiten aus als Männer. Der *bereinigte* Gap lag 2022 bei 6 Prozent, also nur bei einem Drittel, aber das ist haarsträubend: Es bedeutet, dass Frauen bei vergleichbarer Qualifikation und Tätigkeit weniger Lohn erhalten als Männer.[148]

Diese Ungerechtigkeit weiter einzudämmen und letztendlich völlig abzuschaffen, ist eine wichtige Aufgabe für Geschlechtergerechtigkeit. Es ist eine wirkliche Aufgabe mit konkreter Zielsetzung, keine Sprachregulierung, kein Lebensgefühl, kein Sich-besser-fühlen-indem-man-dieses-oder-jenes-sagt-oder-nicht-sagt. Dort, wo die Woke-Bewegung hilft, die Lebensumstände breiter Bevölkerungsschichten *tatsächlich* zu verbessern, ist sie zu begrüßen – aber nur dort und nur, wenn diese Zielsetzung klar nachvollziehbar ist.

Blicken wir auf Artikel 3 unseres Grundgesetzes: (1) Alle Menschen sind vor dem Gesetz gleich. (2) Männer und Frauen sind gleichberechtigt. Der Staat fördert die tatsächliche Durchsetzung der Gleichberechtigung von Frauen und Männern und wirkt auf die Beseitigung bestehender Nachteile hin. (3) Niemand darf wegen seines Geschlechtes, seiner Abstammung, seiner Rasse, seiner Sprache, seiner Heimat und Herkunft, seines Glaubens, seiner religiösen oder politischen Anschauungen benachteiligt oder bevorzugt werden. Niemand darf wegen seiner Behinderung benachteiligt werden.

Wir können stolz sein auf unsere Gerechtigkeit

Die Durchsetzung dieser konkreten Ziele ist Aufgabe genug. Und: Auf diese Ziele können wir stolz sein. Machen wir uns klar: Es hat Jahrhunderte gedauert, bis sich diese Anschauungen in Europa (und den USA) durchgesetzt haben. Die Gleichberechtigung von Männern und Frauen ist eine Errungenschaft der modernen Zeit, ebenso wie die Straffreiheit für alle Formen der Sexualität (Kinder-/Jugendschutz vorausgesetzt) und natürlich das Verbot von Kinderarbeit. In den USA ist die Abschaffung der Sklaverei als eine der größten Errungenschaften der zivilisierten Gesellschaft zu nennen.

In anderen Ländern geht der Kampf mit unveränderter Bitterkeit fort, um diese für uns selbstverständlichen Rechte zu erkämpfen. Das Eintreten für Frauenrechte etwa im Iran, die Ohnmacht der Frauen gegen das Taliban-Regime in Afghanistan und das Verbot von Homosexualität in Russland stehen exemplarisch für Aufgabenfelder, um Menschen *konkret* zu helfen. Sprachliche Petitessen und Political Correctness sind angesichts dieser tatsächlichen Herausforderungen Lächerlichkeiten.

Sind wir ehrlich: Unsere reale Welt ist von Ungerechtigkeiten durchtränkt. Das beginnt schon bei der Geburt: Wer in einer westlichen Industrienation zur Welt kommt, hat mehr Glück als ein, sagen wir, in Bangladesch geborenes Baby. Wer in einer ärmeren und/oder bildungsferneren Familie aufwächst, hat es schwerer im Leben als jemand, der in einer gebildeten Wohlstandsfamilie heranreift. Man mag diese Unterschiede hassen, aber das stellt sie nicht ab. An der Beseitigung dieser Missstände mitzuwirken, ist ehrenhaft. Davon durch woke Absurditäten abzulenken, bringt niemanden voran und ist eher kontraproduktiv.

Von (A)bsurditäten bis zum Z(Verbot)

Der Woke-Wahn bringt beinahe im Wochenrhythmus Absurditäten hervor, bei denen es häufig schwerfällt, zwischen Realität und Satire zu unterscheiden. Die nachfolgende Sammlung ließe sich wohl beliebig fortsetzen. Viele der Beispiele erscheinen auf den ersten Blick geradezu lustig, wenn sie bei genauerer Betrachtung nicht umso trauriger und teilweise auch gefährlicher wären.

ARD:ZDF – öffentlich-rechtliche Woke-Welle

Die öffentlich-rechtlichen Rundfunkanstalten haben sich häufig mit besonders skurrilen Adaptionen der Woke-Welle hervorgetan.

In einem Instagram-Post des von ARD und ZDF gemeinsam betriebenen Online-Netzwerkes „Funk" bezeichnete der Kanal im Sommer 2021 Braunbären als „zu 75 % Veganer:innen".[149] Diese Formulierung setzt voraus, dass man an nicht-binäre Braunbären glaubt, also daran, dass die Bären ein eigenes Identitätsgefühl haben könnten, das sich von ihrem biologischen Geschlecht unterschiedet. Das scheint zumindest weit hergeholt. Und „75 %" vegan" erinnert an „75 % schwanger"; entweder fressen die Tiere auch Fleisch oder eben nicht. Folgt man der ARD/ZDF-Logik, würden sich wohl auch die meisten Menschen zu „X % vegan" ernähren. Obst, Gemüse, Getreide, Hülsenfrüchte, Reis, Nüsse… alles vegane Lebensmittel, die sicherlich viele Menschen zu sich nehmen, die darüber hinaus aber auch Fleisch essen.

Nun mag man die „zu dreiviertel veganen Braunbären unbestimmten Geschlechts“ noch als lustigen Fauxpas durchgehen lassen, wenn die öffentlich-rechtlichen Anstalten nicht auch bei viel ernsthafteren Themen ähnlich stümperhaft-woke mit der Sprache umgehen würden.

Ausgerechnet die Taliban, eine islamistische Terrorgruppe, die von September 1996 bis Oktober 2001 erstmals große Teile Afghanistans beherrschte und seit August 2021 wieder die Kontrolle im Land hält, und die für ihr frauenverachtendes Verhalten bekannt ist, erfahren bei den öffentlich-rechtlichen eine gender-gerechte Sprache. So geschehen im Sommer 2021 beim ZDF: Während man im Video – wiederum auf Instagram – einen bärtigen Islamisten-Kämpfer mittleren Alters sieht, erklärt ein eingeblendeter Text: „Die Islamist*innen ziehen in immer mehr afghanische Städte ein“.[150] Das ist bizarr: Augenscheinlich geht die Redaktion nicht nur davon aus, dass sich unter den brutalen Terror-Islamisten nicht nur Frauen befinden, sondern auch Transgender-Kämpfer. Das ist gelinge gesagt unwahrscheinlich. Man mag sich vergegenwärtigen: Es sind die Taliban in Afghanistan, die Frauen den Zugang zu Universitäten verwehren, Mädchen vom Besuch weiterführender Schulen ausschließen sowie Frauen und Mädchen in der Ausübung ihrer Menschenrechte und Grundfreiheiten mit harten Einschränkungen zu belegen.

Das ist kein Einzelfall. Im Frühjahr 2021 berichtete die Tagesschau der ARD allen Ernstes vom Krieg der palästinensischen Terrororganisation Hamas gegen Israel und sprach dabei von den „Kommandeurinnen und Kommandeure“ der Hamas. Erst nach einem öffentlichen Aufschrei erfolgte eine Korrektur, nachdem sich die Erkenntnis durchgesetzt hatte, dass es bei der Hamas per se keine weiblichen Kommandeure gibt.[151]

Es muss nicht immer so ernst sein, aber dennoch kurios. So etwa, wenn der WDR-Moderator Stefan Fuckert im Studio im Gespräch mit einer Feuerwehrfrau diese als „Intensivkrankenschwesterin“ bezeichnet. Als Pendant zum „Krankenbruder“? Ein Ausrutscher? Eher nicht, immerhin benutzte seine WDR-Kollegin Catherine Vogel denselben Ausdruck in der „Aktuellen Stunde“. Auf Anfrage tat der WDR beides als „Versprecher“ ab.[152] Auf jeden Fall zeigen die beiden Beispiele, wie sprachlich verunsichert selbst ausgebildete Moderatoren angesichts der woken Gender-Debatte sind. Man bedenke: Diese Damen und Herren sind Profis, bereiten sich auf ihre öffentlichen Auftritte vor und überlegen in der Regel, was sie von sich geben. Wenn es bei ihnen dennoch zu einem solchen Lapsus kommt, wie soll man sich im Alltag noch unterhalten können, ohne gegen das Gender-Diktat zu verstoßen?

Schlagershow mit sprachlicher Selbstzensur

Im Januar 2023 strahlte der MDR eine Abschiedsshow für den Schlagersänger Jürgen Drews aus – ein harmloses Unterfangen, sollte man annehmen. Doch dann kam die sprachliche Selbstzensur der öffentlich-rechtlichen Sendeanstalt ins Spiel. Schlagerikone Florian Silbereisen gab den im Original von Klaus Lage gesungenen Song „1.000 und 1 Nacht (Zoom!)“ zum Besten – mit einer dem woken Zeitgeist geschuldeten Umdichtung. Während es im Originaltext heißt „Erinnerst du dich, wir haben Indianer gespielt“, trällerte Silbereisen „Erinnerst du dich, wir haben zusammen gespielt“. Das Wort „Indianer“ war ihm offenbar peinlich. Doch weder Silbereisen noch der MDR kannten sich augenscheinlich mit dem Urheberrecht aus; jede Veränderung eines Liedtextes ohne Zustimmung des Dichters stellt einen strafbaren Verstoß dar. Prompt stellte der Songschreiber Diether Dehm, der den originären Text verfasst hat, Anzeige wegen Verletzung des Urheberrechtsgesetzes. Die Staatsanwaltschaft nahm Ermittlungen auf.[153] Die Anzeige richtete sich zwar gegen Silbereisen, enthielt aber auch „die Bitte um Prüfung einer Mitschuld der ARD“, wie Urheber und Staatsanwaltschaft bestätigten.[154] Es war ein Paradebeispiel, wie eine harmlose Liedershow dafür herhalten musste, das Publikum im Sinne einer vermeintlich korrekteren Sprache umzuerziehen.

Es gibt einen staatlichen Erziehungsauftrag, der sich aus Artikel 7 (1) des Grundgesetzes ableitet und das gesamte Schulwesen unter die Aufsicht des Staates stellt. Laut den einschlägigen juristischen Ausführungen dazu „beschränkt sich der Auftrag des Staates … nicht auf die Vermittlung von Wissensstoff, sondern hat auch zum Inhalt, das einzelne Kind zu einem selbstverantwortlichen Mitglied der Gesellschaft heranzubilden.“[155] Wer die TV-Programme der öffentlich-rechtlichen Anstalten verfolgt, könnte den Eindruck gewinnen, dass der Staat im Begriff ist, diese eigentlich den Heranwachsenden zugedachte Erziehung auch auf alle Fernsehzuschauer auszudehnen.

Es gibt kein „schönes Wetter“ mehr

Die im Smalltalk geläufige Gesprächsformel „Schönes Wetter heute“ ist nicht mehr zeitgemäß. Wer so etwas sagt, ist ein alter weißer Mann, der die Klimakatastrophe nicht begreifen will und dem es egal ist, dass die nächsten Generationen unter dem Klimawandel bitter zu leiden haben werden – so die Woke-Welt. Also bitte kein „schönes Wetter“ mehr. Denn wer so redet, muss sich auf scharfen Widerspruch gefasst machen: „Was ist denn schön daran, wenn es immer heißer wird und die Trockenheit die Natur vernichtet?“

Dieser volkspädagogische Ansatz kommt vom ZDF-Moderator Özden Terli, dem Wetter-Ansager des zweiten, vom Gebührenzahler finanzierten Fernsehsender Deutschlands. Er legt Wert darauf, das Wetter „kontextualisiert“ vorzutragen: „Mitten in der Klimakrise muss man Hitzetage anders beleuchten, da reicht es nicht zu sagen: Juhu, wir gehen alle ins Schwimmbad.“[156]

Nun ist der Klimawandel zweifelsohne ein großes Thema, das Wissenschaftler, Politiker und letztlich unsere gesamte Gesellschaft beschäftigt. Aber ist es wirklich richtig, daraus politisch korrekte Sprachregelungen für den Alltag abzuleiten? Eher nicht! Wer sich über einen strahlend blauen Himmel freut und dies zum Ausdruck bringen will, soll erst einmal lernen, wie das heutzutage heißt.

Um Missverständnissen vorzubeugen: Es geht nicht darum, den Klimawandel und seine Folgen kleinzureden. Es ist gut und gleichzeitig beschämend, dass es einer Schülerin wie Greta Thunberg bedurfte, um die Welt wachzurütteln. Es bleibt zu hoffen, dass es noch gelingt, gegen die Erderwärmung ausreichend gegenzusteuern, um eine größere Katastrophe zu verhindern.

Nur: Das sollte kein Fall für die Spracherziehung sein. Nachdem das Fliegen aus Klimagründen schon lange verpönt ist und wir uns alle schämen sollen, wenn wir ein Flugzeug betreten, sollen wir nun auch ein schlechtes Gewissen haben, wenn wir ins Schwimmbad gehen? Natürlich dürfen wir uns immer noch am schönen Wetter erfreuen – wir sollen es „nur" nicht mehr so sagen. Die Klimakatastrophe ist schlimm genug, aber derartige moralisierende Sprechverbote machen weder das Klima noch unsere Gesellschaft besser.

Wie Woke die Mathematik erobert

Bei der Mathematik handelt es sich per se um ein Thema, das von der Woke-Welle nicht betroffen ist – sollte man meinen. Schließlich sind Zahlen, Gleichungen und Geometrien weder männlich noch weiblich noch irgendwo dazwischen, weisen keine Hautfarbe auf und sind auch keinem spezifischen Land zu-

zuordnen. Doch wer so denkt, hat das woke Denkmodell einfach nicht verstanden. Denn es gibt gleich eine ganze Reihe von Ansätzen, wie die Mathematik woke-isiert werden kann – und von den Woke-Jüngern auch wird. Demnach ist die Mathematik eurozentrisch, rassistisch und unterdrückend.

Fangen wir beim ersten Vorwurf an. Die Zahlen, die wir verwenden, wurden von chinesischen Mathematikern inspiriert, in Indien niedergeschrieben, von persischen und arabischen Mathematikern popularisiert und durch die maurische Besetzung Südspaniens in Europa eingeführt. Wohlgemerkt: Die nordafrikanischen Mauren haben Südeuropa kolonialisiert, nicht umgekehrt. Doch dem Vorwurf der Woker folgend vermittelten Begriffe wie der pythagoreische Lehrsatz und Pi den Eindruck, die Mathematik sei weitgehend von Europäern entwickelt worden.

In den USA ist indes längst ein anderes Streitthema entbrannt: Weil Schüler mit Migrationshintergrund häufig bei Algebra und Geometrie hinterherhinken, fordern die dortigen Woke-Enthusiasten pädagogische Reformen, um allen Schülern ein gleich gutes Abschneiden in der Mathematik zu ermöglichen. Mit anderen Worten: Das Niveau im Mathematikunterricht soll im Namen der Gleichheit gesenkt werden. Folgt man diesem Ansatz konsequent, würde am Ende das Niveau der schulischen Bildung auf den jeweils am wenigsten begabten Schüler abgesenkt. Wer diesen Argumenten folgt, gewinnt gelegentlich den Eindruck, viele aus der Woke-Brigade hätten bereits zu ihrer Schulzeit eine solche Klasse besucht.

Schach ist rassistisch

Beim Schachspiel beginnt immer der Spieler mit den weißen Figuren – und genau deshalb ist Schach rassistisch, zumindest, wenn man das Spiel mit woken Augen betrachtet. Eigentlich ist die Frage an Lächerlichkeit kaum überbieten – doch einer woken Zeit wurde sie ernsthaft gestellt. Das Thema aufgeworfen hatte 2020 der australische Radiokanal ABC Sidney. Aufgebracht hatte die lächerliche Frage wohl ein twitternder Vater: Er habe seinem Kind Schach beibringen wollen, sei aber gewarnt worden, dabei Diskriminierungsmuster zu verbreiten.[157]

Der öffentlich-rechtliche Sender versicherte später, dass man Schach keineswegs für rassistisch halte. Doch da hatte die Story längst weltweit ihren Weg gefunden. Das Absurde daran ist nicht die Frage – es gibt bekanntlich keine dummen Fragen –, sondern dass ein Radiosender den Unfug aufgegriffen hat – und dass dieser von vielen weiteren Medien beinahe rund um den Globus verbreitet wurde.[158] Die Diskussion steht zudem exemplarisch dafür, wie schwierig es geworden ist, zwischen Satire und Realität zu unterscheiden.

Folgt man den woken Vorstellungen, wäre es wohl an der Zeit, die Figuren umzubenennen: Aus „der König" wird „das Staatsoberhaupt", aus „der Läufer" korrekterweise „das Laufende", selbst „die Dame" ist in Gefahr, weil sie von einer binären Geschlechterwelt ausgeht. Diese Forderungen *sind* als Satire gemeint – bis sie jemand ernst nimmt.

Schwarzfahren nicht erlaubt

Die Benutzung von öffentlichen Verkehrsmitteln, ohne dafür zu bezahlen, war von Ausnahmen abgesehen noch nie erlaubt. Jetzt wird auch der Begriff verboten. Mehrere Verkehrsbetriebe in deutschen Städten wie Berlin oder München haben Schwarzfahren aus ihrem Sprachgebrauch gestrichen, um damit einen möglichen Rassismus-Verdacht zu vermeiden. Sie reagierten damit auf einen Vorwurf der Initiative „Schwarze Menschen in Deutschland", die in dem Wort eine rassistische Konnotation erkannte.

Viele Sprachforscher leiten den Ausdruck indes vom jiddischen Begriff „shvarts" („Armut") ab. Andere verweisen auf das Rotwelsch, den Szenesprech gesellschaftlicher Randgruppen, wo schwärzen soviel wie schmuggeln bedeutet.[159] Zahlreiche Wörter des Rotwelsch – der Sprache von Bettlern, Vagabunden und Kriminellen in früheren Jahrhunderten haben Eingang in die allgemeine Umgangssprache gefunden.[160]

Puffmama Layla wird zur Widerstandskämpferin

Wie leid es weite Teile der Bevölkerung sind – man mag ihn als den Mainstream bezeichnen –, sich immer stärker bei ihrer Sprache and vermeintlich politischer Korrektheit ausrichten zu müssen, zeigte der Erfolg des wenig anspruchsvollen Partyschlagers „Layla" der Sänger DJ Robin (bürgerlich: Robin Leutner) und Schürze (bürgerlich: Michael Müller) im Jahr 2022.[161]

Der Refrain „Ich hab' 'nen Puff und meine Puffmama heißt Layla. Sie ist schöner, jünger, geiler. La-la-la-la-la-la-Layla." war an politischer Unkorrektheit schwer zu überbieten. Dennoch oder besser gesagt genau deshalb, stürmte der Song an die Chartspitze in Deutschland. Die medialen Diskussionen um das Lied und die Tatsache, dass etliche Party- und Festzeltbetreiber „Layla" aus ihren Playlisten verbannten, heizten den Erfolg sogar noch an.[162]

Puffmama Layla mutierte zum Song der sprachlichen Freiheit aller jener, die es leid waren, bei jeder Äußerung darauf zu achten, bloß keine woken Regel zu verletzen. Natürlich kann kein Zweifel daran bestehen, dass „Layla" sexistisch ist, indem es die optische Bewertung von Frauen durch Männer in den Vordergrund rückt. Das mag nicht korrekt sein, aber wenn man die reale Welt betrachtet, dann ist es eben so, dass die Äußerlichkeiten eines Menschen eine große Rolle spielen. Das hat wohl auch den Erfolg ausgemacht: Das Offensichtliche wird klar benannt. Man muss die dazu verwendete Sprache nicht mögen, aber in einer Zeit, in der „Klartext" immer weniger opportun erscheint, kommt unzensierter Klarheit eben eine hohe Bedeutung zu. Übrigens: Der Song ist zwar sexistisch, aber es findet keine herabwürdigende Bewertung des Berufs oder des Charakters Layla statt.

Polizei: Umschulung auf politisch korrekte Sprache

„Berliner Polizei schafft Klartext ab" titelte die *Bild* am letzten Tage des Jahres 2022. Wer davon ausgeht, dass das Boulevardblatt wie so häufig übertreibt, sollte die Empfehlungen für „diskriminierungssensiblen Sprachgebrauch“ des Landeskriminalamts Berlin lesen, die seit Anfang 2023 Geltung haben.

So sollen die Polizisten in der Bundeshauptstadt „westasiatisch“ statt „südländisch“ sagen. Die Begründung: Der Begriff „südländisch“ sei geografisch ungenau und durch „verfassungsfeindliche Medien negativ belegt“. Der Chef der Deutschen Polizeigewerkschaft, Rainer Wendt, befürchtet eine „Verschleierung der Realität“: „In Berlin sind junge Männer aus der Türkei, dem Irak oder dem Libanon nicht selten in Straftaten verwickelt.“ Wenn diese Personen als „Westasiaten“ bezeichnet werden, verwische dies die Lebenswirklichkeit.[163] Doch das ist nur ein Beispiel unter vielen.

So sollen die Polizisten das Wort Flüchtling vermeiden, weil es als „umstritten“ gilt; besser sei „schutzsuchende Menschen“. Seit dem Frühjahr 2021 mussten Polizisten bei deutschen Tatverdächtigen unter 21 Jahren im Polizeicomputersystem „Poliks“ eingeben, ob diese einen Migrationshintergrund haben. Angesichts einer Zunahme von Mord, Totschlag, Vergewaltigung, sexueller Nötigung und Rohheitsdelikten, sollte die jugendliche Tätergruppe eingekreist werden. Vor allem ging es um die Frage, ob ein Zusammenhang zwischen der Abstammung und der Jugendkriminalität besteht. Das Ziel der Berliner Senatsverwaltung war es, „soziale Fehlentwicklungen wie Armut, ungleiche Bildungschancen oder Diskriminierung zu erkennen und diesen mit präventiven Maßnahmen gegenzusteuern“. Doch die Daten wurden für diese organisatorischen Planungen gar nicht genutzt. Und dann kam der Datenschutz ins Spiel: Wer personenbezogene Daten erhebt und speichert, muss eine gesetzliche Aufgabenerfüllung nachweisen. Ansonsten ist es illegal, muss also abgeschaltet werden – so geschehen im Herbst 2022

Die Gewerkschaft der Polizei (GdP) erklärt dazu: „Eine derart falsch verstandene Toleranz ist Wind auf die Mühlen von Rechtsextremen und Verschwörungstheoretikern." Ein Migrationshintergrund sage nicht generell etwas darüber aus, ob eine Person Straftaten begehe. „Aber wir reden über Menschen, deren Familien mitunter einen Bezug zu Ländern haben, in denen patriarchalische Strukturen herrschen und in denen ein nostalgisches Frauenbild vorliegt, das dem des demokratischen Rechtsstaates widerspricht."[164] Das kommt heraus, wenn sich falsch verstandener Datenschutz und das Bemühen um politisch korrekte Sprache verbünden. Die Leidtragenden sind im Fall der Fälle die Opfer, und zwar nicht diejenigen, die sich durch diese oder jene Bezeichnung diskriminiert fühlen könnten, sondern die Opfer der Gewalt.

Doch der woke Wahnsinn geht immer wieder – zu Lasten der Sicherheit. So blockierte beispielsweise eine Bezirksstadträtin in Neukölln polizeiliche Razzien von Spätis (Spätverkaufsstellen), Shishabars und ausländischen Restaurants, da diese Kontrolle „stigmatisierend" seien. Sie warnte gar vor der Gefahr einer strukturellen Diskriminierung bei der Durchführung von Gewerbedurchsuchungen. „Hintergrund ist, dass eine Vermischung der

Gewerbeüberwachung mit anderen Zielen wie der polizeilichen Informationsgewinnung nicht ausgeschlossen werden konnte", hießt es von besagter Stadträtin.[165] Die Gefahren, die sich aus der Behinderung der Polizeiarbeit durch eine Übertonung politischer Korrektheit ergeben, stuft sie augenscheinlich als geringer ein.

In Nordrhein-Westfalen forderte die innenpolitische Sprecherin der Grünen die Abschaffung der „Clan-Kriminalität" – des Begriffes wohlgemerkt, nicht der damit verbundenen Verbrechen. Auch hier Vorwurf, der Begriff sei „stigmatisierend" und daher müsse eine „neue Definition" her. Die Grüne erklärte 2022: „Ich gehe davon aus, dass sich das Innenministerium und das Justizministerium zeitnah über eine gemeinsame Definition austauschen." Die Antwort des Innenministers ließ nicht lange auf sich warten: „Wenn wir ein Problem lösen wollen, müssen wir es benennen und unter anderem jährliche Lagebilder zur Clan-Kriminalität erstellen. … Erst in der Gesamtschau erkennt man das ganze Ausmaß, die Zusammenhänge und die neuralgischen Punkte. Und nur so lassen sich maßgeschneiderte Konzepte entwickeln, um diese Kriminalität zu bekämpfen."[166]

Mit dem Begriff Clankriminalität bezeichnet die Polizei eine „sich aus ethnisch abgeschotteten Subkulturen heraus entwickelnde Kriminalität". Die Polizei in Nordrhein-Westfalen geht seit einigen Jahren gezielt gegen kriminelle türkisch-arabische Familienclans vor. 2021 verübten kriminelle Clanangehörige im größten deutschen Bundesland dem Lagebild zufolge 5.460 Straftaten. Das Volumen beschlagnahmten Vermögens lag bei über zehn Millionen Euro. Jedes fünfte Ermittlungsverfahren im Bereich der organisierten Kriminalität in NRW wies Clan-Bezüge auf.[167]

Der Migrationsexperte Ahmad Mansour hat vermutlich recht, wenn er beklagt, dass es gar nicht um politisch korrekte Sprache gehe. Sondern „um eine Politisierung der Sprache, um bestimmte Phänomene und Tätergruppen zu tabuisieren". Dies geschehe durch „Verallgemeinerungen und neu ersetzte Begriffe". Er ergänzt: „Dass die Polizei versucht, politisch korrekter zu werden, also ihre Sprache zu reflektieren, ist an sich wichtig und richtig. Aber das, was hier gemacht wird, ist der Versuch eine politische Ideologie auf die Realität aufzuzwingen." Auch Tübingens Oberbürgermeister Boris Palmer ist zuzustimmen, wenn er sagt: „Kriminalität zu bekämpfen, indem man sie durch unverständliche Begriffe verschleiert, dient der Sicherheit gewiss nicht!"

Tausende Vögel bekommen neue Namen

Im Jahr 2021 fanden über 1.000 Vogelarten einen neuen Namen. Der Grund: Die bisherigen Namen galten als diskriminierend, kolonial oder rassistisch. So wurde beispielsweise aus der Hottentottenente die Pünktchenente. „Hottentotten" – das waren in der Sprache der niederländischen Kolonisatoren afrikanische Völker in Südafrika und Namibia, ein Ausdruck für Menschen zweiter Klasse.

Die Ente ist kein Einzelfall: Auf das 19. Jahrhundert gingen zahlreiche Vogelnamen mit der Vorsilbe „Mohr“ zurück, ein veralteter und häufig herablassend verstandener Sammelbegriff für Menschen mit dunkler Hautfarbe. Aus der Mohrenlerche wurde eine Schwarzsteppenlerche, das Mohrenschwarzkehlchen hört heute auf den offiziellen Namen Elsterschmätzer, um nur zwei Beispiele zu nennen.[168]

Doch mit der Ausmerzung diskriminierender oder rassistischer Namen hörte die Säuberung bei den Vögeln noch lange nicht auf. So standen auf der Liste der Tiere mit suspekten Namen beispielsweise auch das Odins- und das Thorshühnchen, benannt nach den beiden nordischen Gottheiten Odin und Thor. Doch die beiden Vogelarten hatten ihre gottgleichen Namen erst 1937 erhalten, als Referenz an die von den Nazis verehrte germanische Götterwelt. Zuvor hießen die beiden Schmalschnäbliger und Plattschnäbliger Wassertreter. Dieses letzte Beispiel zeigt, dass selbst die Ornithologie schon früher vor einer politisch-gesellschaftlichen Einflussnahme nicht gefeit war. Indes: Damals waren es die Nazis, heute die Woke-Welle.

Baby vor dem Wickeln fragen

Mit Sprache drückt man Gedanken aus. Wer Sprache zu manipulieren versucht, will Gedanken lenken oder unterdrücken. Dieser Aspekt wird im vorliegenden Buch an vielen Stellen hinreichend beleuchtet. Doch die Woke-Welle beschränkt sich nicht etwa auf die Sprache.

Beispielhaft dafür steht etwa die US-amerikanische Erziehungsexpertin Deanne Carson, die verlangt, dass sich Eltern vor dem Wickeln ihres Babys dafür die Erlaubnis vom Nachwuchs einzuholen hätten.[169] Nach Überzeugung der Pädagogin Deanne Carson sollte der mehrmals tägliche Wechsel voller Babywindeln stets mit der elterlichen Bitte um Erlaubnis eingeleitet werden. Ein Säubern des Intimbereichs ohne Einwilligung des Säuglings könnte sich laut der Kindertherapeutin negativ auf dessen Entwicklung auswirken und üble Konsequenzen haben.

Nun ist es zweifelsohne wünschenswert, dass Kinder mit dem Älterwerden immer mehr selbst über ihren Körper bestimmen sollen. Wie so oft in der woken Welt ist der Grundgedanke hinter den häufig abstrusen Forderungen greifbar, aber die Extrapolation geht ins Absurde. Aus dem Grundsatz, dass Männer und Frauen gleichberechtigt sein sollen und dem Wissen, dass es einige Menschen gibt, die sich geschlechtlich anders einordnen, wird eine monströse Gendersprache geboren. Und aus dem selbstverständlichen Selbstbestimmungsrecht über den eigenen Körper wird der aberwitzige Vorschlag generiert, ein Baby vor dem Wickeln um Erlaubnis zu fragen.

Das Mädchen im Knabenchor

Unerfüllt blieb 2022 der Wunsch einer Mutter, dass ihre neunjährige Tochter in einem Knabenchor singen sollte. Sie klagte vor Gericht auf die Aufnahme ihres Kindes in den Chor der Berliner Sängerknaben – und verlor.

Im Laufe der Gerichtsverhandlung stellt sich heraus, dass das Mädchen immer in gemischten Chören gesungen hatte. Aber die Mutter wollte unbedingt, dass ihre Tochter das erste Mädchen ist, das in einem Knabenchor singt. „Ich bin sicher, dass meine Tochter nicht angenommen wurde, nur weil sie ein Mädchen ist. Dies ist eine inakzeptable Diskriminierung und eine Verletzung des Rechts auf Chancengleichheit“, schrieb die Mutter in ihrer Klage an das Gericht. Der Knabenchor hielt dagegen: Dem Mädchen fehle es an Motivation, Talent und dem für einen Knabenchor notwendigen Timbre.[170] Das Gericht gab der Chorleitung Recht: die „Orientierung daran, ob die Bewerberinnen und Bewerber zusätzlich zum hohen Ausbildungsstand stimmlich zum Klang eines Knabenchors passen“, ist nicht zu beanstanden.[171] Dem Klangbild des Chores wurde Vorrang vor dem Einzelwunsch einer Mutter eingeräumt.

2019 hatte ein anderes Gericht anders entschieden: Eine Berliner Rechtsanwältin hatte durchgesetzt, dass ihre Tochter bei Knabenchören vorsingen darf. Der weltberühmte Thomanerchor lud das Mädchen daraufhin tatsächlich ein. Doch die Mutter teilte mit, ihre Tochter müsse erst noch den „Knabenchorklang“ erlernen und ließ die Frist für das Aufnahmeverfahren verstreichen. Die Stadt Leipzig schien diesen Rückzieher nicht zu bedauern und teilte mit: „Eine solche stimmliche Umerziehung entspricht weder dem Menschenbild der Leitung des Chores noch seiner Auffassung vom Kindeswohl“.[172]

Das „Z“ wird verboten

Am 24.Februar 2022 überfiel Russland sein Nachbarland Ukraine – ein brutaler Angriffskrieg, der gegen das Völkerrecht verstieß und damit eine Straftat. Der Krieg brachte unendliches Leid über die ukrainische Bevölkerung, verdeutlichte die Abhängigkeit Deutschlands von russischen Gaslieferungen, rückte die Nato-Staaten in ihrer Abwehr gegen Russland näher zusammen und führte zu einer Erweiterung des westlichen Verteidigungsbündnisses und involvierte den Westen einschließlich Deutschland als kriegsunterstützende Partei durch Waffenlieferungen an die Ukraine und die Ausbildung der ukrainischen Soldaten. Es steht außer Frage, dass der russische Angriff auf das Schärfste zu verurteilen ist: Krieg ist niemals ein akzeptables Mittel, ein Angriffskrieg schon gar nicht. Man kann ihm mit militärischer Verteidigung, mit Sanktionen, mit Diplomatie oder mit anderen Maßnahmen begegnen, aber sicherlich nicht mit Eingriffen ins Alphabet – doch genau das geschieht.

Bei der Beobachtung der Kriegshandlungen fiel auf, dass viele russische Panzer und andere Militärfahrzeuge ein großes „Z“ in weißer Farbe tragen. Eine Erklärung dafür gab es zunächst nicht, aber eine politische Schlussfolgerung: Wer in Deutschland öffentlich das „Z“-Symbol – so hieß der bis dato harmlose letzte Buchstabe des Alphabets auf einmal – zeigt, outet sich als Kriegstreiber im Geiste des russischen Präsidenten Wladimir Putin. Die Interpretation: Das „Z“ stünde für „Za Pobedu“ –"Für den Sieg“.[173]

Das Bundesinnenministeriums ließ verlauten, dass das Zeigen des „Z“ als öffentliche Billigung des russischen Krieges gegen die Ukraine strafbar sein kann. Die Begründung: Der russische Angriffskrieg sei eine Straftat und „wer diesen Angriffskrieg öffentlich billigt, kann sich daher selber auch strafbar machen.“ Möglich wären bis zu drei Jahre Haft oder eine Geldstrafe. Es lägen den Sicherheitsbehörden Erkenntnisse vor, dass dieses Symbol bereits in Deutschland verwendet werde. Die Sicherheitsbehörden des Bundes hätten das im Blick.[174]

Immerhin: Der Buchstabe selbst sei natürlich nicht verboten, ließ das Bundesinnenministerium wissen, nur die öffentliche Zurschaustellung. Das Straßenverkehrsamt des Kreises Herford reagierte politisch besonders korrekt: Es verbot das „Z“ auf Autokennzeichen.[175] Die öffentliche Zustimmung dafür war gering, die Kritik dagegen umso lautstärker. Vielleicht verzichtete Zwickau auch aus diesem Grund auf das „Z“-Verbot im Kfz-Kennzeichen.

Die russische Regierung drehte den Spieß um und nutzte die westliche „Z“-Hysterie geschickt aus. Immer häufiger tauchten im Internet – offensichtlich von der russischen Propaganda initiierte – martialische Bilder von Männern auf, die das „Z“ etwa auf T-Shirts trugen, um ihre Unterstützung für Putins Kriegspolitik zu signalisieren. Selbst im staatlich gelenkten russischen Fernsehen wurde das „Z“ immer häufiger als Zeichen der Unterstützung für den Angriffskrieg sichtbar. Der Kreml nutzte die unbeholfene Anti-Z-Kampagne des Westens für eigene Zwecke aus.

Erst viel später wurde der Grund für das große weiße „Z“ auf russischem Kriegsgerät klar: um russische und ukrainische Ausrüstung gut sichtbar unterscheiden zu können. Beide Armeen verwendeten in weiten Teilen identisches Equipment. Um Eigenbeschuss zu vermeiden, war zur Unterscheidung aus der Luft oder am Boden eine deutlich sichtbare Kennzeichnung nötig. Westliche Armeen besitzen dafür ein elektronisches Freund-Feind-Identifikationssystem in ihren Fahrzeugen und Fluggeräten. Daran mangelte es den Russen, so dass sie einfach ein „Z“ auf alles malten.[176] Militärexperten identifizierten zudem weitere Buchstaben für die Kennzeichnung von Kriegsgerät: das „V“ für Einheiten der russischen Marine gekennzeichnet, das „O“ für in Belarus stationiertes Gerät, das „X“ für die paramilitärischen Kämpfer des tschetschenischen Warlords Ramsan Kadyrow und das „A“ für russische Spezialeinheiten.[177] Würde man alle vier Buchstaben in Deutschland unter Strafe stellen, hätte man 15 Prozent des hiesigen Alphabets ausgelöscht. Das war dann doch zu viel und die Aufregung um das „Z“ legte sich rasch wieder. Wer seitdem den ersten oder den letzten Buchstaben im Alphabet (oder irgendeinen dazwischen) verwendet, muss also nicht mehr befürchten, als Kriegstreiber abgestempelt zu werden. Übrigens: Das in Russland verwendete kyrillische Alphabet kennt gar kein „Z“. Es ging offenbar ausschließlich darum, Symbole zu verwenden, die leicht zu erkennen und zu unterscheiden sind.

Es bleibt zu hoffen, dass die Idee, die öffentliche Zurschaustellung einzelner Buchstaben als Unterstützung für dieses oder jedes politisch Gewollte bzw. nicht Gewollte zu verbieten damit für lange Zeit vom Tisch ist.

Zur Klarstellung: Die Forderung, die Finger vom Alphabet zu lassen, schließt sich nicht damit aus, bestimmte Buchstabenkombinationen – also mindestens zwei Buchstaben – in Kfz-Kennzeichen nicht zur vergeben, weil sie als Assoziation als eine ungute Zeit deutscher Geschichte verstanden werden könnten. Das bedeutet nämlich Geschichtsbewusstsein. Aber daraus eine moralische oder gar strafrechtliche Dimension für die Verwendung einzelner Buchstaben abzuleiten, heißt „das Kind mit dem Bade auszuschütten", wie es im Weltbild der überkorrekten Political Correctness häufig zu beobachten ist.

Über die Autorin

Mai Linh Tran ist kein „weißer alter Mann", sondern sie ist eine asiatische Frau, die noch weit von der Rente entfernt ist. Sie kam im Kindesalter als Flüchtling aus dem Vietnamkrieg nach Deutschland, wurde hierzulande aufgenommen, ist hier zur Schule gegangen, besitzt seit vielen Jahren die deutsche Staatsangehörigkeit, hat einen Beruf ergriffen und sich in die Riege der deutschen Steuerzahler eingereiht. Sie ist von der deutschen Kultur und der europäischen Liberalität begeistert und hat wenig Verständnis dafür, dass die Europäer und insbesondere die Deutschen so häufig ihr Licht unter den Scheffel stellen.

Die aus den USA herüberschwappende Woke-Welle lehnt sie vehement ab, wie schon der Titel des vorliegenden Buches nahelegt. Sie wertet Woke als Versuch einer Minderheit mit intellektuellem Dünkel, die Mehrheit zu dominieren, indem sie dieser eine moralische Schuld zuschreibt, die es in Wahrheit gar nicht gibt.

Für Mai Linh Tran sind *alle* Menschen *gleich* in Bezug auf Rechte und Pflichten, unabhängig von Geschlecht, Hautfarbe, sexueller Orientierung, Weltanschauung oder sonstigen möglichen Unterscheidungsmerkmalen. Sie sieht sich damit in völliger Übereinstimmung mit dem Grundgesetz der Bundesrepublik Deutschland wie auch mit der Menschenrechtscharta der Vereinten Nationen. Ein „mehr als *alle*“ oder ein „gleicher als *gleich*“ lehnt sie indes ab.

Für ebenso wichtig wie diesen Gleichheitsgrundsatz hält sie die Redefreiheit. Jedermann soll in seiner Sprache und mit seiner Wortwahl aussprechen dürfen, was er oder sie denkt oder fühlt – soweit damit nicht andere Menschen beleidigt oder verunglimpft werden. Hassreden fallen nicht unter die Redefreiheit, aber eine moralische Sprachpolizei, die eine politisch korrekte Ausdrucksweise einfordert, gehört ebenfalls nicht dazu.

Quellenangaben und Anmerkungen

[1] https://www.spiegel.de/kultur/gesellschaft/black-lives-begriff-woke-ins-oxford-english-dictionary-aufgenommen-a-1154603.html
[2] https://www.duden.de/rechtschreibung/woke
[3] https://abi.unicum.de/abitur/abitur-lernen/aufklaerung-epoche
[4] https://www.independent.co.uk/news/uk/home-news/woke-meaning-word-history-b1790787.html
[5] https://www.faz.net/aktuell/gesellschaft/kriminalitaet/fall-trayvon-martin-das-opfer-ist-schwarz-der-taeter-ein-weisser-latino-11691307.html
[6] https://www.faz.net/aktuell/gesellschaft/kriminalitaet/nach-freispruch-im-fall-trayvon-martin-justizministerium-prueft-neue-anklage-gegen-todesschuetzen-12281960.html
[7] https://www.nbcnews.com/storyline/michael-brown-shooting/ferguson-chief-names-darren-wilson-cop-who-shot-michael-brown-n181326
[8] https://web.archive.org/web/20141204172739/http://www.stern.de/news2/aktuell/proteste-wegen-ferguson-dehnen-sich-auf-ganze-usa-aus-2155798.html
[9] https://www.merriam-webster.com/words-at-play/woke-meaning-origin
[10] https://www.vox.com/culture/21437879/stay-woke-wokeness-history-origin-evolution-controversy
[11] https://www.theguardian.com/world/2015/jul/19/blacklivesmatter-birth-civil-rights-movement
[12] https://www.thedailybeast.com/who-really-runs-blacklivesmatter
[13] https://www.brookings.edu/blog/fixgov/2015/08/13/bernie-sanders-black-lives-matter-and-the-political-wisdom-of-holding-allies-accountable/
[14] https://www.washingtontimes.com/news/2020/jun/7/george-floyd-black-lives-matter-martyr-struggled-d/
[15] https://www.houstonchronicle.com/news/houston-texas/houston/article/George-Floyd-Houston-Texas-change-the-world-15322149.php
[16] https://www.nzz.ch/folio/wortschoepfungen-wie-aus-einer-beschreibung-eine-beschimpfung-wurde-ld.1661609
[17] https://www.pressreader.com/austria/kleine-zeitung-kaernten/20220507/281621013919071
[18] https://www.tagesspiegel.de/politik/wo-deutschland-noch-zu-weiss-ist-3978667.html
[19] https://www.zdf.de/nachrichten/politik/wef-geschlechtergleichstellung-deutschland-rangliste-100.html
[20] https://www.faz.net/aktuell/gesellschaft/kriminalitaet/us-polizisten-im-fall-nichols-wegen-totschlags-angeklagt-18635239.html

[21] https://www.faz.net/aktuell/politik/videos-von-toedlichem-polizeieinsatz-in-den-usa-veroeffentlicht-18636624.html

[22] *Die Substantivierung von Verben mit Satzkomplementen im Englischen und im Deutschen.* Dissertation an der Universität Hamburg 1972. Athenäum, Frankfurt am Main 1972. (Koch, Planegg 1982, ISBN 3-7610-5706-7)

[23] *Kontrastive Untersuchungen zum italienischen gerundio: Instrumental- und Modalsätze und das Problem der Individuierung von Ereignissen* Habilitationsschrift an der Universität Konstanz 1978, Niemeyer, Tübingen, 1980, ISBN 3-484-10321-3.

[24] *Die Frau ist nicht der Rede wert: Aufsätze, Reden und Glossen.* Suhrkamp, Frankfurt am Main 1999, ISBN 3-518-39421-5.

[25] https://medienkompass.de/gendern-aber-wie/

[26] https://www.typolexikon.de/genderzeichen/

[27] https://www.bild.de/politik/inland/politik-inland/deutschlands-oberster-sprachlehrer-wolf-schneider-gendern-ist-fuer-wichtigtuer-80889590.bild.html

[28] https://www.linkedin.com/posts/telekom_transgender-deutschetelekom-transition-activity-6947431415063982080-8ERo/?trk=public_profile_like_view&originalSubdomain=de

[29] https://www.faz.net/aktuell/feuilleton/gendersternchen-warum-lambrechts-ablehnung-vernuenftig-ist-17572107.html?GEPC=s9

[30] https://www.dw.com/de/weiblich-wird-männlich-justizministerium-schreibt-gesetz-um/a-55288234

[31] https://www.express.de/panorama/gender-expertin-damen-und-herren-anrede-ist-verfassungswidrig-83228

[32] https://www.hamburg.de/contentblob/15266014/bbbfd7425d6780879805ae34060d7133/data/hinweise-geschlechtersensible-sprache.pdf

[33] https://www.spiegel.de/panorama/gesellschaft/hamburg-volksinitiative-will-gendern-in-behoerden-abschaffen-was-steckt-dahinter-a-7e83fc52-dc11-4939-9e78-541afcb8e491

[34] https://www.rechtschreibrat.com/der-rat/

[35] https://www.rechtschreibrat.com/geschlechtergerechte-schreibung-empfehlungen-vom-26-03-2021/

[36] https://www.spiegel.de/panorama/bildung/gendern-winfried-kretschmann-gruene-lehnt-geschlechtergerechte-sprache-an-schulen-ab-a-62150704-32a6-48d1-afeb-5e5ec5f3dad1

[37] https://www.msn.com/de-de/nachrichten/politik/gendern-winfried-kretschmann-grüne-lehnt-geschlechtergerechte-sprache-an-schulen-ab/ar-AA166Ai5?li=BBqg6Q9

[38] https://www.faz.net/aktuell/politik/inland/anne-spiegel-wegen-sms-protokollen-zur-flutkatastrophe-unter-druck-17867332.html?GEPC=s9

[39] https://www.mdr.de/brisant/hochwasser-ahrtal-100.html

[40] https://www.spiegel.de/politik/deutschland/anne-spiegel-tritt-zurueck-a-dad181c7-23ae-441a-bd45-891491a83dc8

[41] https://www.tagesspiegel.de/kultur/gendern-macht-die-diskriminierung-nur-noch-schlimmer-4192660.html
[42] https://www.regenbogenportal.de/glossar
[43] https://www.regenbogenportal.de/ueber-uns/selbstverstaendnis
[44] https://de.statista.com/themen/98/familie/
[45] https://www.destatis.de/DE/Themen/Querschnitt/Demografischer-Wandel/Aeltere-Menschen/bevoelkerung-ab-65-j.html
[46] https://www.bpb.de/kurz-knapp/hintergrund-aktuell/180263/1994-homosexualitaet-nicht-mehr-strafbar/
[47] https://www.deutschlandfunk.de/vor-20-jahren-das-gesetz-ueber-die-eingetragene-100.html
[48] https://www.swr.de/wissen/1000-antworten/wie-viele-geschlechter-gibt-es-und-was-folgt-daraus-100.html
[49] https://www.aerzteblatt.de/nachrichten/102938/Zahl-der-Menschen-mit-drittem-Geschlecht-geringer-als-angenommen
[50] https://www.aerzteblatt.de/nachrichten/102938/Zahl-der-Menschen-mit-drittem-Geschlecht-geringer-als-angenommen
[51] https://www.destatis.de/DE/Themen/Gesellschaft-Umwelt/Bevoelkerung/Geburten/_inhalt.html
[52] https://www.n-tv.de/panorama/Philosophin-wirft-nach-Gender-Streit-hin-article22899318.html
[53] https://www.faz.net/aktuell/gesellschaft/geschlechter-liste-alle-verschiedenen-geschlechter-und-gender-arten-bei-facebook-13135140.html
[54] https://www.gender-nrw.de/cis-gender/
[55] https://www.lsvd.de/de/ct/3385-Was-bedeutet-LSBTI-Glossar-der-sexuellen-und-geschlechtlichen-Vielfalt
[56] https://www.tagesschau.de/inland/innenpolitik/neues-selbstbestimmungsgesetz-101.html
[57] https://rp-online.de/panorama/deutschland/berlin-neuer-eintrag-divers-im-personalausweis-bislang-selten-genutzt_aid-56026443
[58] https://www.bild.de/politik/inland/politik-inland/ampel-stellt-gesetz-vor-pro-jahr-darf-jeder-sein-geschlecht-wechseln-80566378.bild.html
[59] https://www.nuernberg.de/presse/mitteilungen/presse_73604.html
[60] https://www.fr.de/politik/trans-frau-tessa-ganserer-gruene-bundestag-emma-diskussion-frauenquote-news-91253667.html
[61] https://www.faz.net/aktuell/stil/trends-nischen/von-ally-bis-trigger-ein-wokeness-glossar-fuer-soziale-medien-17530549.html
[62] https://www.dak.de/dak/meine-gesundheit/welche-rolle-spielt-das-geschlecht-beim-sport-2514476.html#/
[63] https://www.faz.net/aktuell/sport/mehr-sport/neue-regeln-fuer-transgender-schwimmerinnen-erschweren-starts-18114854.html?GEPC=s9
[64] https://www.deutschlandfunk.de/transmenschen-im-sport-100.html
[65] https://www.dailymail.co.uk/news/article-11670803/Transgender-woman-guilty-raping-two-women-man.html

[66] https://taz.de/Aktivistin-ueber-Schottlands-Trans-Gesetz/!5906396/

[67] https://www.itv.com/news/2023-01-26/transgender-rapist-will-not-be-jailed-in-all-female-prison-nicola-sturgeon-says

[68] https://www.wetteronline.at/wetterlexikon/regenbogen

[69] https://www.welt.de/politik/deutschland/article233379817/HU-Berlin-Antidiskriminierungsstelle-bat-weisse-Menschen-sich-nicht-zu-bewerben.html

[70] https://www.faz.net/aktuell/feuilleton/debatten/vortrag-von-marie-luise-vollbrecht-cancel-culture-an-der-humboldt-uni-18146758.html?GEPC=s9

[71] https://www.merkur.de/bayern/nuernberg/hochschule-nuernberg-gender-sternchen-mail-studenten-professoren-geschlecht-shitstorm-91643521.html

[72] https://openjur.de/u/310561.html

[73] https://de.wiktionary.org/wiki/Neusprech

[74] https://www.evidero.de/der-einfluss-von-sprache-auf-denken

[75] https://www.faz.net/aktuell/stil/trends-nischen/von-ally-bis-trigger-ein-wokeness-glossar-fuer-soziale-medien-17530549.html

[76] https://de.wikipedia.org/wiki/Platon

[77] https://www.20min.ch/story/eu-kippt-weihnachten-und-maria-und-josef-aus-dem-vokabular-317153377640

[78] https://www.fdesouche.com/wp-content/uploads/2021/11/guidelines-for-Inclusive-communication.pdf

[79] https://www.rbb24.de/panorama/beitrag/2023/01/berlin-schulzeugnisse-formulare-geschlechterneutral.html

[80] https://www.gala.de/lifestyle/galaxy/sie-wollte-nach-porto-----saechsin-bucht-flug-nach--bordo--und-bekommt-ticket-nach-bordeaux-20944230.html

[81] https://www.washingtonpost.com/news/the-intersect/wp/2017/10/19/the-woman-behind-me-too-knew-the-power-of-the-phrase-when-she-created-it-10-years-ago/

[82] https://www.cbsnews.com/news/has-media-ignored-sex-abuse-in-school/

[83] Charles Hedrick: *History and Silence. Purge and Rehabilitation in Late Antiquity.* University of Texas Press, Austin 2000, ISBN 0-292-73121-3.

[84] https://www.goodreads.com/quotes/9770293-by-2050-earlier-probably-all-real-knowledge-of-oldspeak

[85] https://www.ndr.de/kultur/buch/Ravensburger-zieht-Winnetou-Buecher-zurueck-Gefuehle-anderer-verletzt,winnetou178.html

[86] https://www.zeit.de/news/2022-08/26/woowoowoowoo-ist-karl-may-rassistisch

[87] https://www.dw.com/de/als-in-deutschland-die-bücher-brannten/a-43716037

[88] https://www.gea.de/welt/weltspiegel_artikel,-auf-shitstorm-folgt-beseitigung-beispiele-für-deutsche-woke-debatten-_arid,6649489.html

[89] https://www.deutsche-apotheker-zeitung.de/news/artikel/2020/08/14/zwischen-tradition-und-rassismus

[90] https://www.coburg.de/coburg-erleben/stadt-und-stadtgeschichte/beruehmte-coburger/inhaltsseiten/heiliger-mauritius.php

[91] https://www.dw.com/de/rassismus-in-deutschland-streit-um-stadtwappen-von-coburg/a-54252491

[92] https://www.welt.de/kultur/article233784952/Rassismus-Vorwuerfe-Dresdner-Kunstsammlungen-aendern-Werktitel.html

[93] https://www.rnd.de/panorama/wie-mohrenkopf-chef-andrew-onuegbu-zur-afd-und-rassismus-steht-PKZRJP5AVNBCZEVL7LI5B54E2U.html

[94] https://www.deutschlandfunk.de/debatte-um-bismarck-alles-andere-als-ein-demokrat-100.html

[95] https://www.spiegel.de/kultur/deutschland-und-seine-kolonialverbrechen-muss-bismarck-stuerzen-a-00000000-0002-0001-0000-000171667111

[96] https://www.welt.de/regionales/hamburg/article209953451/Historiker-ueber-Bismarck-Politisches-Kalkuel-statt-Rassismus.html

[97] https://www.bz-berlin.de/meinung/kolumne/kolumne-mein-aerger/bundesregierung-loescht-den-namen-von-otto-von-bismarck

[98] https://www.express.de/koeln/nach-fast-100-jahren-domherrenfriedhof-wird-umbenannt-100307

[99] https://www.focus.de/panorama/welt/nach-fast-100-jahren-wegen-gender-debatte-friedhof-am-koelner-dom-wird-umbenannt_id_107981954.html

[100] https://www.katholisch.de/artikel/20502-weihbischof-geerlings-wunscht-sich-frauen-im-domkapitel

[101] https://de.wikipedia.org/wiki/Liste_von_Frauenkirchen

[102] Irini Stamatoudi: *Research Handbook on Intellectual Property and Cultural Heritage.*Edward Elgar Publishing, 2022, S. 161.

[103] https://www.nordkurier.de/aus-aller-welt/nach-verbot-von-indianer-kostuemen-tobt-das-internet-0634764003.html

[104] https://www.express.de/koeln/karneval/lindner-hotel-in-koeln-beschwerde-wegen-hoehner-song-390235?cb=1673677036932

[105] https://www.sueddeutsche.de/leben/karneval-metoo-sexismus-1.4331049

[106] https://www.stern.de/genuss/immer-mehr-speisen-sollen-neue-namen-bekommen---alles-nur--woke-wahnsinn---30660562.html

[107] https://www.geo.de/wissen/ernaehrung/auch-pizza-hawaii---curry--mehr-speisenamen-werden-hinterfragt-30669528.html

[108] https://de.euronews.com/2021/08/11/gerhard-schroder-und-sein-manifest-fur-die-currywurst-ein-spruch-geht-viral-5-tweets

[109] https://www.welt.de/wissenschaft/article233055807/Fleischlos-bei-VW-Die-Currywurst-steht-fuer-den-alten-weissen-Mann.html

[110] https://www.merkur.de/verbraucher/ikea-schwedisches-moebelhaus-geraet-kritik-essen-pommes-wuerzburg-twitter-shitstorm-91734305.html

[111] Rick Steves: *Athens and the Peloponnese*. Avalon Travel, 2014, ISBN 978-1-61238-060-5, S. 165

[112] Ian Jenkins: *Archaic Kouroi in Naucratis: The Case for Cypriot Origin*. In: *The American Journal of Cardiology*. American Journal of Archaeology, v105 n2 (20010401), ISSN 0002-9114, S. 168–175

[113] Claudius Seidl, *Dreadlocks*, In: Frankfurter Allgemeine Zeitung vom 25. März 2022

[114] http://www.dreadlockz.net/dreadhistory.html

[115] Zum Beispiel Stefan Kuzmany ironisch im Spiegel am 25. März 2022, Fatma Aydemir empört in der Taz am 27. März 2022, Marlen Hobrack und Maxi Beigang im Dialog in der Berliner Zeitung am 26. März 2022.

[116] https://www.buzzfeed.de/news/rassismus/haar-dreadlocks-kulturelle-aneignung-fridays-for-future-braids-rastafari-frisur-rassismus-verfilzten-91436282.html

[117] https://www.deutschlandfunk.de/endlich-mal-erklaert-was-ist-blackfacing-100.html

[118] https://www.deutschlandfunkkultur.de/streit-um-amanda-gorman-uebersetzung-es-geht-nicht-um-100.html

[119] https://www.spiegel.de/politik/deutschland/koeln-gruenen-chefin-simone-peter-raeumt-fehler-in-polizei-debatte-ein-a-1128425.html

[120] https://www.rbb24.de/panorama/beitrag/2023/01/berlin-silvester-2022-2023-krawalle-gewalt-polizei-feuerwehr-strafen-verfahren.html

[121] https://www.faz.net/aktuell/politik/inland/silvester-krawalle-in-berlin-verdaechtige-sind-vor-allem-auslaender-18579139.html

[122] https://www.focus.de/panorama/schlagzeilen/silvester-in-berlin-nur-38-festnahmen-nach-boeller-attacken-mehrheit-ist-deutsch_id_182562826.html

[123] https://www.focus.de/panorama/nacht-der-silvester-randale-heilbronn-sperrt-ersten-silvester-randalierer-in-den-knast_id_182475452.html

[124] https://www.morgenpost.de/vermischtes/article232074417/Corona-Pandemie-Rassismus-Asiaten-TikTok-Son.html

[125] https://www.faz.net/aktuell/gesellschaft/kriminalitaet/messerattacke-im-zug-verdaechtiger-war-stunden-vor-tat-unauffaellig-18631343.html

[126] https://www.bild.de/politik/inland/politik-inland/dient-erhalt-der-demokratie-ndr-will-nicht-ueber-taeter-herkunft-sprechen-82686162.bild.html

[127] https://veganz.de/blog/veganz-ernaehrungsstudie-2020/

[128] https://www.bmel.de/DE/themen/ernaehrung/ernaehrungsreport2021.html

[129] https://de.statista.com/statistik/daten/studie/445155/umfrage/umfrage-in-deutschland-zur-anzahl-der-veganer/

[130] https://www.geo.de/natur/oekologie/3331-rtkl-massentierhaltung-herzinfarkt-auf-dem-bauernhof

[131] https://www.mdr.de/nachrichten/sachsen/dresden/dresden-radebeul/vegane-vegetarische-fleischerei-ersatzprodukte-neueroeffnung-100.html

[132] https://www.saechsische.de/dresden/gastronomie-dresden/nach-kontrolle-vegane-fleischerei-muss-produkte-umbenennen-5812152-plus.html

[133] https://www.spiegel.de/wirtschaft/unternehmen/dresden-vegane-fleischerei-muss-produkte-umbenennen-a-99db521e-2d77-4d2b-8702-42051e22a7df

[134] https://www.welt.de/wissenschaft/article233055807/Fleischlos-bei-VW-Die-Currywurst-steht-fuer-den-alten-weissen-Mann.html

[135] https://www.stern.de/wirtschaft/news/bahlsen-benennt--afrika--waffeln-um---doch-verbraucherschuetzer-kritisieren-kundentaeuschung-30579344.html

[136] https://www.spiegel.de/wissenschaft/corona-gendern-klimawandel-wie-gespalten-ist-die-gesellschaft-wirklich-a-9b0a2834-112f-4509-8615-700e3536ca23

[137] https://www.spiegel.de/panorama/gesellschaft/zigeunersosse-beschwerde-von-sinti-und-roma-erfolglos-a-926763.html

[138] https://www.welt.de/vermischtes/article213645146/Rassismusdebatte-Knorr-benennt-Zigeunersauce-um.html

[139] https://www.br.de/nachrichten/meldung/sinti-allianz-findet-diskussion-ueber-zigeunersauce-unwuerdig,300304023

[140] https://www.24hamburg.de/niedersachsen/bahlsen-knorr-nestle-diese-produkte-haben-wegen-rassismus-neue-namen-zr-90915145.html

[141] https://www.sueddeutsche.de/panorama/m-ms-schokolinsen-maskottchen-abgeschafft-maya-rudolph-woke-werbung-1.5738252

[142] https://www.zeit.de/zeit-magazin/mode-design/2021-06/victorias-secret-sexismus-engel-dessous-frauen-feminismus?utm_referrer=https%3A%2F%2Fwww.google.com%2F

[143] https://thepostmillennial.com/go-woke-go-broke-victorias-secret-ceo-quits-following-brands-woke-reforms

[144] https://www.monopol-magazin.de/woke-vogue-aktivismus-magazincover-will-die-mode-wirklich-inklusiver-werden

[145] https://sustainability.theabsolutcompany.com/2020/10/07/sexresponsibly-taking-a-stand/

[146] https://houseofyas.de/impact/performativer-aktivismus/

[147] https://de.wikipedia.org/wiki/Gender-Pay-Gap

[148] https://www.destatis.de/DE/Themen/Arbeit/Arbeitsmarkt/Qualitaet-Arbeit/Dimension-1/gender-pay-gap.html

[149] https://www.bild.de/politik/inland/politik/nach-islamist-innen-ard-bezeichnet-baeren-als-veganer-innen-77447852.bild.html

[150] https://www.bild.de/politik/inland/politik-inland/islamist-innen-zdf-gendert-auch-die-taliban-77418418.bild.html

[151] https://schweizermonat.ch/gendering-hamas/#

[152] https://www.bild.de/politik/inland/politik-inland/nanu-wdr-spricht-mit-krankenschwesterin-80980006.bild.html

[153] https://www.hessenschau.de/kultur/staatsanwaltschaft-fulda-ermittelt-gegen-florian-silbereisen-v1,silbereisen-dehm-anzeige-song-100.html

[154] https://www.stern.de/kultur/musik/florian-silbereisen-von-diether-dehm-angezeigt--weil-ard-star--indianer--aus-liedzeile-strich-33130542.html

[155] BVerwG 6 B 65.07, Beschluss vom 8. Mai 2008, Zitat: „Der Staat ist in der Schule nicht auf das ihm durch Art. 6 Abs. 2 Satz 2 GG zugewiesene Wächteramt beschränkt. Vielmehr ist der staatliche Erziehungsauftrag in der Schule (Art. 7 Abs. 1 GG) dem elterlichen Erziehungsrecht nicht nach-, sondern gleichgeordnet. Weder dem Elternrecht noch dem Erziehungsauftrag des Staates kommt ein absoluter Vorrang zu. Der Staat muss deshalb in der Schule zwar die Verantwortung der Eltern für den Gesamtplan der Erziehung ihrer Kinder achten und für die Vielfalt der Anschauungen in Erziehungsfragen so weit offen sein, als es sich mit einem geordneten staatlichen Schulsystem verträgt. In diesem Rahmen darf er aber grundsätzlich unabhängig von den Eltern eigene Erziehungsziele in der Schule verfolgen. Dabei

beschränkt sich der Auftrag des Staates, den Art. 7 Abs. 1 GG voraussetzt, nicht auf die Vermittlung von Wissensstoff, sondern hat auch zum Inhalt, das einzelne Kind zu einem selbstverantwortlichen Mitglied der Gesellschaft heranzubilden (BVerfG, Urteil vom 6. Dezember 1972; Beschlüsse vom 21. Dezember 1977;). Die gesetzliche Schulpflicht dient dem legitimen Ziel der Durchsetzung dieses staatlichen Erziehungsauftrags (BVerfG, Kammerbeschluss vom 29. April 2003 – 1 BvR 436/03 – DVBl 2003, 999

[156] https://www.welt.de/kultur/article241024869/ZDF-Wetter-Warum-Oezden-Terli-nicht-mehr-von-schoenem-Wetter-sprechen-will.html

[157] https://www.youtube.com/watch?v=9VxYtqgvKME&t=17s

[158] https://www.freiburg-schwarzwald.de/blog/schach-ist-rassistisch/

[159] https://www.gea.de/welt/weltspiegel_artikel,-auf-shitstorm-folgt-beseitigung-beispiele-für-deutsche-woke-debatten-_arid,6649489.html

[160] https://openscience.ub.uni-mainz.de/handle/20.500.12030/4030

[161] https://www.youtube.com/watch?v=Iw2aQR3vQoA

[162] https://praxistipps.focus.de/layla-warum-der-ballermann-hit-umstritten-ist_148261

[163] https://www.bild.de/politik/inland/politik-inland/berliner-polizei-schafft-klartext-ab-suedlaendisch-heisst-jetzt-westasiatisch-82401988.bild.html

[164] https://www.bild.de/regional/berlin/berlin-aktuell/wegen-datenschutz-migrationshintergrund-in-polizeidatenbank-abgeschafft-81396294.bild.html

[165] https://www.tagesspiegel.de/berlin/nach-verhinderter-restaurant-durchsuchung-fdp-beantragt-abwahl-von-neukollner-ordnungsstadtratin-sarah-nagel-9031156.html

[166] https://www.presseportal.de/pm/66749/5388363

[167] https://www.welt.de/politik/deutschland/article242667937/Clan-Kriminalitaet-Grossrazzia-Grosse-Fische-sind-uns-ins-Netz-gegangen.html

[168] https://www.24hamburg.de/niedersachsen/nach-rassismus-vorwuerfen-voegel-sollen-umbenannt-werden-zr-90881228.html

[169] https://www.kreiszeitung.de/deutschland/eltern-babys-wickeln-erlaubnis-erziehung-koerper-deanne-carson-paedagogin-zr-90467196.html

[170] https://gesellschaft.uberalles.live/22289-deutsche-mutter-hat-klage-eingereicht-weil-ihre-tochter-nicht-in-den-jungenchor-aufgenommen-wurde

[171] https://www.spiegel.de/panorama/justiz/berlin-maedchen-darf-nicht-im-knabenchor-singen-a-c1cc78f5-71cd-48bb-baaf-7c96025caa14

[172] https://www.spiegel.de/kultur/gesellschaft/thomaner-maedchen-singt-nun-doch-nicht-in-leipzig-vor-a-1289364.html

[173] https://www.mdr.de/nachrichten/sachsen/strafe-russland-ukraine-krieg-z-symbol-100.html

[174] https://www.tagesschau.de/inland/z-symbol-russland-verbot-101.html

[175] https://www.nw.de/lokal/kreis_herford/herford/23239234_Strassenverkehrsamt-verbietet-Kriegssymbol-Z-und-bekommt-harsche-Kritik.html

[176] https://sofrep.com/news/what-do-those-letters-mean-on-russian-tanks-and-vehicles/

[177] https://sofrep.com/news/what-do-those-letters-mean-on-russian-tanks-and-vehicles/